개 역 개 정 · 구 약 성 경 쓰 기

잠언

여호와를 경외하는 것이
지혜의 근본이요
거룩하신 자를 아는 것이
명철이니라

_잠언 9:10

유스북

구약성경 통독표

순번	성경 목록	장	절	평균통독 시간/분	순번	성경 목록	장	절	평균통독 시간/분
1	창세기	50	1,533	203	21	전도서	12	222	31
2	출애굽기	40	1,213	162	22	아가	8	117	16
3	레위기	27	859	115	23	이사야	66	1,292	206
4	민수기	36	1,287	165	24	예레미야	52	1,364	300
5	신명기	34	959	147	25	예레미야애가	5	154	20
6	여호수아	24	658	99	26	에스겔	48	1,273	201
7	사사기	21	618	103	27	다니엘	12	357	62
8	룻기	4	85	14	28	호세아	14	197	30
9	사무엘상	31	810	136	29	요엘	3	73	11
10	사무엘하	24	695	113	30	아모스	9	146	23
11	열왕기상	22	816	128	31	오바댜	1	21	4
12	열왕기하	25	719	121	32	요나	4	48	7
13	역대상	29	942	119	33	미가	7	105	17
14	역대하	36	822	138	34	나훔	3	47	8
15	에스라	10	280	42	35	하박국	3	56	9
16	느헤미야	13	406	61	36	스바냐	3	53	9
17	에스더	10	167	29	37	학개	2	38	6
18	욥기	42	1,070	115	38	스가랴	14	211	33
19	시편	150	2,461	275	39	말라기	4	55	11
20	잠언	31	915	92		합 계	929	23,144	3,381

신약성경 통독표

순번	성경 목록	장	절	평균통독 시간/분	순번	성경 목록	장	절	평균통독 시간/분
1	마태복음	28	1,071	130	15	디모데전서	6	113	14
2	마가복음	16	678	81	16	디모데후서	4	83	11
3	누가복음	24	1,151	138	17	디도서	3	46	6
4	요한복음	21	879	110	18	빌레몬서	1	25	2
5	사도행전	28	1,007	127	19	히브리서	13	303	41
6	로마서	16	433	58	20	야고보서	5	108	14
7	고린도전서	16	437	57	21	베드로전서	5	105	15
8	고린도후서	13	256	37	22	베드로후서	3	61	9
9	갈라디아서	6	149	19	23	요한1서	5	105	15
10	에베소서	6	155	18	24	요한2서	1	13	2
11	빌립보서	4	104	14	25	요한3서	1	15	2
12	골로새서	4	95	12	26	유다서	1	25	4
13	데살로니가전서	5	89	12	27	요한계시록	22	404	61
14	데살로니가후서	3	47	6		합 계	260	7,957	1,015

구약성경	39권	23,144절	1,006,953문자	352,319단어	평균 통독시간	56시간
신약성경	27권	7,957절	315,579문자	110,237단어	평균 통독시간	17시간

우리는 성경을 읽지만, 세상은 우리를 읽습니다!

성경은 세상의 모든 책을 담을 수 있는 가장 큰 그릇입니다.
성경 필사는 단순히 베끼어 쓰는 게 아니라, 눈으로 말씀을 읽고 손으로 쓰면서 머리로 생각하는 작업입니다.
눈과 손, 머리를 동시에 동원하므로 성경 필사는 오래전부터 그 효과가 입증된 글쓰기 훈련법입니다.
세계적으로 저명한 사람들은 필사의 경험 없는 사람이 없습니다.

손과 종이 위에 연필 끝이 만나는 순간 미묘한 시간차가 발생합니다. 필사가 제공하는 틈 그 순간에 머리는
가만히 있지 않습니다. 단어와 문장을 거슬러 올라가고 맥락을 헤아리고 성경 말씀을 되새김질 합니다.
또한 눈으로 읽을 때는 미처 보지 못한 내용을 필사 과정에서 발견하고 깨달을 수 있습니다.

성경 필사는 하나님 말씀이 생명력 있게 살아나게 하는 작업입니다. 하나님 말씀이 우리의 마음에 가득할 때,
하나님은 우리의 소원과 기도 제목을 들으시고 이루어 주실 것입니다. 성경의 진리를 오직 말씀과 성령의
조명으로 해석하여 교리를 세우고 모든 삶의 기준과 원칙으로 적용한 청교도처럼, 예수를
가장 잘 믿으며 가장 순수한 신앙으로 살아가는 "크리스천"이 되기를 소망합니다.

엮은이 김영기

우슬북 성경 쓰기 시리즈 특징 ···· 필사와 통독의 기쁨을 함께~!

볼펜, 만년필로 성경 쓰기 편한 고급 재질의 종이 사용

[우슬북 구약성경 쓰기 시리즈❽ 잠언]은 유성볼펜이나 만년필 사용에 적합하도록 도톰하고 고급스런 광택이 나는 재질의 종이를 사용하였습니다.

성경 쓰기 편하도록 페이지가 180도 펼쳐지는 고급 제본

[우슬북 구약성경 쓰기 시리즈❽ 잠언]은 책을 펼친 중간 부분이 걸리지 않도록 페이지가 완전히 펼쳐지는 180도 고급 제본을 사용하였습니다.

10여 년의 경험으로 성경 읽고 쓰기 편안한 글씨체 사용

[우슬북 구약성경 쓰기 시리즈❽ 잠언]은 통독을 겸한 필사가 가능하도록 읽고 쓰면서 스트레스 받지 않는 글씨체를 10여 년의 실패와 경험으로 선정, 사용하였습니다.

따라쓸 수 있는 한자 병기로 말씀 묵상의 극대화

[우슬북 구약성경 쓰기 시리즈❽ 잠언]은 긍정적이고 따라쓰기 쉬운 한자(漢字)를 병기(倂記)하여 깊은 묵상을 극대화하였습니다.

1

¹ 다윗의 아들 이스라엘 왕 솔로몬의 잠언이라

² 이는 지혜와 훈계를 알게 하며 명철의 말씀을 깨닫게 하며

³ 지혜롭게, 공의롭게, 정의롭게, 정직하게 행할 일에 대하여
훈계(訓戒)를 받게 하며

⁴ 어리석은 자를 슬기롭게 하며
젊은 자에게 지식과 근신함을 주기 위한 것이니

⁵ 지혜 있는 자는 듣고 학식이 더할 것이요
명철한 자는 지략을 얻을 것이라

⁶ 잠언과 비유와 지혜 있는 자의 말과
그 오묘한 말을 깨달으리라

젊은이에게 주는 교훈

7 여호와를 경외하는 것이 지식의 근본이거늘
  미련한 자는 지혜와 훈계를 멸시하느니라

8 내 아들아 네 아비의 훈계를 들으며
  네 어미의 법을 떠나지 말라

9 이는 네 머리의 아름다운 관이요 네 목의 금 사슬이니라

10 내 아들아 악한 자가 너를 꾈지라도 따르지 말라

11 그들이 네게 말하기를 우리와 함께 가자
   우리가 가만히 엎드렸다가 사람의 피를 흘리자
   죄 없는 자를 까닭 없이 숨어 기다리다가

12 스올 같이 그들을 산 채로 삼키며
   무덤에 내려가는 자들 같이 통으로 삼키자

13 우리가 온갖 보화를 얻으며 빼앗은 것으로

우리 집을 채우리니

¹⁴너는 우리와 함께 제비를 뽑고
우리가 함께 전대 하나만 두자 할지라도

¹⁵내 아들아 그들과 함께 길에 다니지 말라
네 발을 금하여 그 길을 밟지 말라

¹⁶대저 그 발은 악으로 달려가며 피를 흘리는 데 빠름이니라

¹⁷새가 보는 데서 그물을 치면 헛일이겠거늘

¹⁸그들이 가만히 엎드림은 자기의 피를 흘릴 뿐이요
숨어 기다림은 자기의 생명을 해할 뿐이니

¹⁹이익을 탐하는 모든 자의 길은 다 이러하여
자기의 생명을 잃게 하느니라

지혜가 부른다

²⁰ 지혜가 길거리에서 부르며 광장에서 소리를 높이며

²¹ 시끄러운 길목에서 소리를 지르며
성문 어귀와 성중에서 그 소리를 발하여 이르되

²² 너희 어리석은 자들은 어리석음을 좋아하며
거만한 자들은 거만을 기뻐하며
미련한 자들은 지식을 미워하니 어느 때까지 하겠느냐

²³ 나의 책망을 듣고 돌이키라
보라 내가 나의 영을 너희에게 부어 주며
내 말을 너희에게 보이리라

²⁴ 내가 불렀으나 너희가 듣기 싫어하였고
내가 손을 폈으나 돌아보는 자가 없었고

²⁵ 도리어 나의 모든 교훈을 멸시하며

나의 책망을 받지 아니하였은즉

26 너희가 재앙을 만날 때에 내가 웃을 것이며
너희에게 두려움이 임할 때에 내가 비웃으리라

27 너희의 두려움이 광풍 같이 임하겠고
너희의 재앙이 폭풍 같이 이르겠고
너희에게 근심과 슬픔이 임하리니

28 그 때에 너희가 나를 부르리라
그래도 내가 대답하지 아니하겠고 부지런히 나를 찾으리라
그래도 나를 만나지 못하리니

29 대저 너희가 지식을 미워하며
여호와 경외하기를 즐거워하지 아니하며

30 나의 교훈을 받지 아니하고

나의 모든 책망을 업신여겼음이니라

31 그러므로 자기 행위의 열매를 먹으며 자기 꾀에 배부르리라

32 어리석은 자의 퇴보는 자기를 죽이며
미련한 자의 안일은 자기를 멸망시키려니와

33 오직 내 말을 듣는 자는 평안히 살며
재앙의 두려움이 없이 안전하리라

지혜가 주는 유익

2 1 내 아들아 네가 만일 나의 말을 받으며
나의 계명을 네게 간직하며

2 네 귀를 지혜에 기울이며 네 마음을 명철에 두며

3 지식을 불러 구하며 명철을 얻으려고 소리를 높이며

4 은을 구하는 것 같이 그것을 구하며

감추어진 보배를 찾는 것 같이 그것을 찾으면

5 여호와 경외하기를 깨달으며 하나님을 알게 되리니

6 대저 여호와는 지혜를 주시며
지식과 명철을 그 입에서 내심이며

7 그는 정직한 자를 위하여 완전한 지혜를 예비하시며
행실이 온전한 자에게 방패가 되시나니

8 대저 그는 정의의 길을 보호하시며
그의 성도들의 길을 보전(保全)하려 하심이니라

9 그런즉 네가 공의와 정의와 정직
곧 모든 선한 길을 깨달을 것이라

10 곧 지혜가 네 마음에 들어가며
지식이 네 영혼을 즐겁게 할 것이요

11 근신이 너를 지키며 명철이 너를 보호하여

12 악한 자의 길과 패역을 말하는 자에게서 건져 내리라

13 이 무리는 정직한 길을 떠나 어두운 길로 행하며

14 행악하기를 기뻐하며 악인의 패역을 즐거워하나니

15 그 길은 구부러지고 그 행위는 패역(悖逆)하니라

16 지혜가 또 너를 음녀에게서,
   말로 호리는 이방 계집에게서 구원하리니

17 그는 젊은 시절의 짝을 버리며
   그의 하나님의 언약을 잊어버린 자라

18 그의 집은 사망으로, 그의 길은 스올로 기울어졌나니

19 누구든지 그에게로 가는 자는 돌아오지 못하며
   또 생명 길을 얻지 못하느니라

20 지혜가 너를 선한 자의 길로 행하게 하며
또 의인의 길을 지키게 하리니

21 대저 정직한 자는 땅에 거하며
완전한 자는 땅에 남아 있으리라

22 그러나 악인은 땅에서 끊어지겠고
간사한 자는 땅에서 뽑히리라

젊은이에게 주는 교훈

3 1 내 아들아 나의 법을 잊어버리지 말고
네 마음으로 나의 명령을 지키라

2 그리하면 그것이 네가 장수하여 많은 해를 누리게 하며
평강을 더하게 하리라

3 인자와 진리가 네게서 떠나지 말게 하고

그것을 네 목에 매며 네 마음판에 새기라

4 그리하면 네가 하나님과 사람 앞에서
은총과 귀중히 여김을 받으리라

5 너는 마음을 다하여 여호와를 신뢰하고
네 명철을 의지하지 말라

6 너는 범사에 그를 인정하라 그리하면 네 길을 지도하시리라

7 스스로 지혜롭게 여기지 말지어다
여호와를 경외(敬畏)하며 악을 떠날지어다

8 이것이 네 몸에 양약이 되어 네 골수를 윤택하게 하리라

9 네 재물과 네 소산물의 처음 익은 열매로 여호와를 공경하라

10 그리하면 네 창고가 가득히 차고
네 포도즙 틀에 새 포도즙이 넘치리라

¹¹내 아들아 여호와의 징계를 경히 여기지 말라
그 꾸지람을 싫어하지 말라

¹²대저 여호와께서 그 사랑하시는 자를 징계하시기를
마치 아비가 그 기뻐하는 아들을 징계함 같이 하시느니라

¹³지혜를 얻은 자와 명철을 얻은 자는 복이 있나니

¹⁴이는 지혜를 얻는 것이 은을 얻는 것보다 낫고
그 이익이 정금보다 나음이니라

¹⁵지혜는 진주보다 귀하니 네가 사모하는 모든 것으로도
이에 비교할 수 없도다

¹⁶그의 오른손에는 장수가 있고 그의 왼손에는 부귀가 있나니

¹⁷그 길은 즐거운 길이요 그의 지름길은 다 평강이니라

¹⁸지혜는 그 얻은 자에게 생명 나무라

지혜를 가진 자는 복되도다

19 여호와께서는 지혜로 땅에 터를 놓으셨으며
명철로 하늘을 견고히 세우셨고

20 그의 지식으로 깊은 바다를 갈라지게 하셨으며
공중에서 이슬이 내리게 하셨느니라

21 내 아들아 완전한 지혜와 근신을 지키고
이것들이 네 눈 앞에서 떠나지 말게 하라

22 그리하면 그것이 네 영혼의 생명이 되며
네 목에 장식이 되리니

23 네가 네 길을 평안히 행하겠고 네 발이 거치지 아니하겠으며

24 네가 누울 때에 두려워하지 아니하겠고
네가 누운즉 네 잠이 달리로다

²⁵너는 갑작스러운 두려움도 악인에게 닥치는 멸망도
두려워하지 말라

²⁶대저 여호와는 네가 의지할 이시니라
네 발을 지켜 걸리지 않게 하시리라

²⁷네 손이 선을 베풀 힘이 있거든
마땅히 받을 자에게 베풀기를 아끼지 말며

²⁸네게 있거든 이웃에게 이르기를
갔다가 다시 오라 내일 주겠노라 하지 말며

²⁹네 이웃이 네 곁에서 평안히 살거든
그를 해하려고 꾀하지 말며

³⁰사람이 네게 악을 행하지 아니하였거든
까닭 없이 더불어 다투지 말며

³¹포학한 자를 부러워하지 말며
그의 어떤 행위도 따르지 말라

³²대저 패역한 자는 여호와께서 미워하시나
정직한 자에게는 그의 교통하심이 있으며

³³악인의 집에는 여호와의 저주가 있거니와
의인의 집에는 복이 있느니라

³⁴진실로 그는 거만한 자를 비웃으시며
겸손한 자에게 은혜를 베푸시나니

³⁵지혜로운 자는 영광을 기업으로 받거니와
미련한 자의 영달함은 수치가 되느니라

지혜와 명철을 얻으라

4 ¹아들들아 아비의 훈계를 들으며 명철을 얻기에 주의하라

2 내가 선한 도리를 너희에게 전하노니 내 법을 떠나지 말라

3 나도 내 아버지에게 아들이었으며
  내 어머니 보기에 유약한 외아들이었노라

4 아버지가 내게 가르쳐 이르기를 내 말을 네 마음에 두라
  내 명령을 지키라 그리하면 살리라

5 지혜를 얻으며 명철을 얻으라
  내 입의 말을 잊지 말며 어기지 말라

6 지혜를 버리지 말라 그가 너를 보호하리라
  그를 사랑하라 그가 너를 지키리라

7 지혜가 제일이니 지혜를 얻으라
  네가 얻은 모든 것을 가지고 명철을 얻을지니라

8 그를 높이라 그리하면 그가 너를 높이 들리라

만일 그를 품으면 그가 너를 영화롭게 하리라

9 그가 아름다운 관을 네 머리에 두겠고
영화로운 면류관을 네게 주리라 하셨느니라

10 내 아들아 들으라 내 말을 받으라
그리하면 네 생명의 해가 길리라

11 내가 지혜로운 길을 네게 가르쳤으며
정직한 길로 너를 인도하였은즉

12 다닐 때에 네 걸음이 곤고하지 아니하겠고
달려갈 때에 실족(失足)하지 아니하리라

13 훈계를 굳게 잡아 놓치지 말고 지키라
이것이 네 생명이니라

14 사악한 자의 길에 들어가지 말며

악인의 길로 다니지 말지어다

¹⁵그의 길을 피하고 지나가지 말며 돌이켜 떠나갈지어다

¹⁶그들은 악을 행하지 못하면 자지 못하며
사람을 넘어뜨리지 못하면 잠이 오지 아니하며

¹⁷불의의 떡을 먹으며 강포의 술을 마심이니라

¹⁸의인의 길은 돋는 햇살 같아서
크게 빛나 한낮의 광명에 이르거니와

¹⁹악인의 길은 어둠 같아서 그가 걸려 넘어져도
그것이 무엇인지 깨닫지 못하느니라

²⁰내 아들아 내 말에 주의하며
내가 말하는 것에 네 귀를 기울이라

²¹그것을 네 눈에서 떠나게 하지 말며 네 마음 속에 지키라

²²그것은 얻는 자에게 생명이 되며
그의 온 육체의 건강이 됨이니라

²³모든 지킬 만한 것 중에 더욱 네 마음을 지키라
생명의 근원(根源)이 이에서 남이니라

²⁴구부러진 말을 네 입에서 버리며
비뚤어진 말을 네 입술에서 멀리 하라

²⁵네 눈은 바로 보며 네 눈꺼풀은 네 앞을 곧게 살펴

²⁶네 발이 행할 길을 평탄하게 하며
네 모든 길을 든든히 하라

²⁷좌로나 우로나 치우치지 말고 네 발을 악에서 떠나게 하라

사지와 스올로 가지 말라

5 ¹ 내 아들아 내 지혜에 주의하며

내 명철에 네 귀를 기울여서

2 근신을 지키며 네 입술로 지식을 지키도록 하라

3 대저 음녀의 입술은 꿀을 떨어뜨리며
그의 입은 기름보다 미끄러우나

4 나중은 쑥 같이 쓰고 두 날 가진 칼 같이 날카로우며

5 그의 발은 사지로 내려가며 그의 걸음은 스올로 나아가나니

6 그는 생명의 평탄한 길을 찾지 못하며
자기 길이 든든하지 못하여도 그것을 깨닫지 못하느니라

7 그런즉 아들들아 나에게 들으며 내 입의 말을 버리지 말고

8 네 길을 그에게서 멀리 하라
그의 집 문에도 가까이 가지 말라

9 두렵건대 네 존영이 남에게 잃어버리게 되며

네 수한이 잔인한 자에게 빼앗기게 될까 하노라

10두렵건대 타인이 네 재물로 충족하게 되며
네 수고한 것이 외인의 집에 있게 될까 하노라

11두렵건대 마지막에 이르러
네 몸, 네 육체가 쇠약할 때에 네가 한탄하여

12말하기를 내가 어찌하여 훈계를 싫어하며
내 마음이 꾸지람을 가벼이 여기고

13내 선생의 목소리를 청종하지 아니하며
나를 가르치는 이에게 귀를 기울이지 아니하였던고

14많은 무리들이 모인 중에서 큰 악에 빠지게 되었노라
하게 될까 염려하노라

15너는 네 우물에서 물을 마시며

네 샘에서 흐르는 물을 마시라

¹⁶어찌하여 네 샘물을 집 밖으로 넘치게 하며
네 도랑물을 거리로 흘러가게 하겠느냐

¹⁷그 물이 네게만 있게 하고
타인과 더불어 그것을 나누지 말라

¹⁸네 샘으로 복되게 하라 네가 젊어서 취한 아내를 즐거워하라

¹⁹그는 사랑스러운 암사슴 같고 아름다운 암노루 같으니
너는 그의 품을 항상 족하게 여기며
그의 사랑을 항상 연모하라

²⁰내 아들아 어찌하여 음녀를 연모하겠으며
어찌하여 이방 계집의 가슴을 안겠느냐

²¹대저 사람의 길은 여호와의 눈 앞에 있나니

그가 그 사람의 모든 길을 평탄하게 하시느니라

22 악인은 자기의 악에 걸리며 그 죄의 줄에 매이나니

23 그는 훈계를 받지 아니함으로 말미암아 죽겠고
심히 미련함으로 말미암아 혼미(昏迷)하게 되느니라

실제적 교훈

6

1 내 아들아 네가 만일 이웃을 위하여 담보하며
타인을 위하여 보증하였으면

2 네 입의 말로 네가 얽혔으며
네 입의 말로 인하여 잡히게 되었느니라

3 내 아들아 네가 네 이웃의 손에 빠졌은즉 이같이 하라
너는 곧 가서 겸손히 네 이웃에게 간구하여 스스로 구원하되

4 네 눈을 잠들게 하지 말며 눈꺼풀을 감기게 하지 말고

5 노루가 사냥꾼의 손에서 벗어나는 것 같이,
새가 그물 치는 자의 손에서 벗어나는 것 같이
스스로 구원하라

6 게으른 자여 개미에게 가서
그가 하는 것을 보고 지혜를 얻으라

7 개미는 두령도 없고 감독자도 없고 통치자도 없으되

8 먹을 것을 여름 동안에 예비하며
추수 때에 양식을 모으느니라

9 게으른 자여 네가 어느 때까지 누워 있겠느냐
네가 어느 때에 잠이 깨어 일어나겠느냐

10 좀더 자자, 좀더 졸자, 손을 모으고 좀더 누워 있자 하면

11 네 빈궁이 강도 같이 오며 네 곤핍이 군사 같이 이르리라

¹²불량하고 악한 자는 구부러진 말을 하고 다니며

¹³눈짓을 하며 발로 뜻을 보이며 손가락질을 하며

¹⁴그의 마음에 패역을 품으며
항상 악을 꾀하여 다툼을 일으키는 자라

¹⁵그러므로 그의 재앙이 갑자기 내려
당장에 멸망하여 살릴 길이 없으리라

¹⁶여호와께서 미워하시는 것
곧 그의 마음에 싫어하시는 것이 예닐곱 가지이니

¹⁷곧 교만한 눈과 거짓된 혀와 무죄한 자의 피를 흘리는 손과

¹⁸악한 계교를 꾀하는 마음과 빨리 악으로 달려가는 발과

¹⁹거짓을 말하는 망령된 증인과
및 형제 사이를 이간하는 자이니라

훈계와 명령

²⁰내 아들아 네 아비의 명령을 지키며
네 어미의 법을 떠나지 말고

²¹그것을 항상 네 마음에 새기며 네 목에 매라

²²그것이 네가 다닐 때에 너를 인도하며
네가 잘 때에 너를 보호하며
네가 깰 때에 너와 더불어 말하리니

²³대저 명령은 등불이요 법은 빛이요
훈계의 책망은 곧 생명의 길이라

²⁴이것이 너를 지켜 악한 여인에게,
이방 여인의 혀로 호리는 말에 빠지지 않게 하리라

²⁵네 마음에 그의 아름다움을 탐하지 말며

그 눈꺼풀에 홀리지 말라

26음녀로 말미암아 사람이 한 조각 떡만 남게 됨이며
음란한 여인은 귀한 생명을 사냥함이니라

27사람이 불을 품에 품고서야
어찌 그의 옷이 타지 아니하겠으며

28사람이 숯불을 밟고서야 어찌 그의 발이 데지 아니하겠느냐

29남의 아내와 통간하는 자도 이와 같을 것이라
그를 만지는 자마다 벌을 면하지 못하리라

30도둑이 만일 주릴 때에 배를 채우려고 도둑질하면
사람이 그를 멸시하지는 아니하려니와

31들키면 칠 배를 갚아야 하리니
심지어 자기 집에 있는 것을 다 내주게 되리라

³² 여인과 간음하는 자는 무지한 자라
이것을 행하는 자는 자기의 영혼을 망하게 하며

³³ 상함과 능욕을 받고 부끄러움을 씻을 수 없게 되나니

³⁴ 남편이 투기로 분노하여 원수 갚는 날에 용서하지 아니하고

³⁵ 어떤 보상도 받지 아니하며
많은 선물을 줄지라도 듣지 아니하리라

음녀의 길로 치우치지 말라

7 ¹ 내 아들아 내 말을 지키며 내 계명을 간직하라

² 내 계명을 지켜 살며 내 법을 네 눈동자처럼 지키라

³ 이것을 네 손가락에 매며 이것을 네 마음판에 새기라

⁴ 지혜에게 너는 내 누이라 하며
명철에게 너는 내 친족이라 하라

5 그리하면 이것이 너를 지켜서 음녀에게,
　말로 호리는 이방 여인에게 빠지지 않게 하리라

6 내가 내 집 들창으로, 살창으로 내다 보다가

7 어리석은 자 중에,
　젊은이 가운데에 한 지혜 없는 자를 보았노라

8 그가 거리를 지나 음녀의 골목 모퉁이로 가까이 하여
　그의 집쪽으로 가는데

9 저물 때, 황혼 때, 깊은 밤 흑암(黑暗) 중에라

10 그 때에 기생의 옷을 입은 간교한 여인이 그를 맞으니

11 이 여인은 떠들며 완악하며 그의 발이 집에 머물지 아니하여

12 어떤 때에는 거리, 어떤 때에는 광장
　또 모퉁이마다 서서 사람을 기다리는 자라

¹³그 여인이 그를 붙잡고 그에게 입맞추며
부끄러움을 모르는 얼굴로 그에게 말하되

¹⁴내가 화목제를 드려 서원한 것을 오늘 갚았노라

¹⁵이러므로 내가 너를 맞으려고 나와
네 얼굴을 찾다가 너를 만났도다

¹⁶내 침상에는 요와 애굽의 무늬 있는 이불을 폈고

¹⁷몰약과 침향과 계피를 뿌렸노라

¹⁸오라 우리가 아침까지 흡족하게 서로 사랑하며
사랑함으로 희락하자

¹⁹남편은 집을 떠나 먼 길을 갔는데

²⁰은 주머니를 가졌은즉 보름 날에나 집에 돌아오리라 하여

²¹여러 가지 고운 말로 유혹하며 입술의 호리는 말로 꾀므로

²²젊은이가 곧 그를 따랐으니 소가 도수장으로 가는 것 같고
미련한 자가 벌을 받으려고 쇠사슬에 매이러 가는 것과 같도다

²³필경은 화살이 그 간을 뚫게 되리라
새가 빨리 그물로 들어가되
그의 생명을 잃어버릴 줄을 알지 못함과 같으니라

²⁴이제 아들들아 내 말을 듣고 내 입의 말에 주의하라

²⁵네 마음이 음녀의 길로 치우치지 말며
그 길에 미혹되지 말지어다

²⁶대저 그가 많은 사람을 상하여 엎드러지게 하였나니
그에게 죽은 자가 허다하니라

²⁷그의 집은 스올의 길이라 사망의 방으로 내려가느니라

지혜와 명철 찬양

8 ¹ 지혜가 부르지 아니하느냐
명철(明哲)이 소리를 높이지 아니하느냐

² 그가 길 가의 높은 곳과 네거리에 서며

³ 성문 곁과 문 어귀와 여러 출입하는 문에서 불러 이르되

⁴ 사람들아 내가 너희를 부르며
내가 인자들에게 소리를 높이노라

⁵ 어리석은 자들아 너희는 명철할지니라
미련한 자들아 너희는 마음이 밝을지니라

⁶ 너희는 들을지어다 내가 가장 선한 것을 말하리라
내 입술을 열어 정직을 내리라

⁷ 내 입은 진리를 말하며 내 입술은 악을 미워하느니라

⁸ 내 입의 말은 다 의로운즉

그 가운데에 굽은 것과 패역한 것이 없나니

9 이는 다 총명 있는 자가 밝히 아는 바요
지식 얻은 자가 정직하게 여기는 바니라

10 너희가 은을 받지 말고 나의 훈계를 받으며
정금보다 지식을 얻으라

11 대저 지혜는 진주보다 나으므로
원하는 모든 것을 이에 비교할 수 없음이니라

12 나 지혜는 명철로 주소를 삼으며 지식과 근신을 찾아 얻나니

13 여호와를 경외하는 것은 악을 미워하는 것이라
나는 교만과 거만과 악한 행실과 패역한 입을 미워하느니라

14 내게는 계략과 참 지식이 있으며
나는 명철이라 내게 능력이 있으므로

¹⁵나로 말미암아 왕들이 치리하며 방백들이 공의를 세우며

¹⁶나로 말미암아 재상과 존귀한 자
곧 모든 의로운 재판관들이 다스리느니라

¹⁷나를 사랑하는 자들이 나의 사랑을 입으며
나를 간절히 찾는 자가 나를 만날 것이니라

¹⁸부귀가 내게 있고 장구한 재물과 공의도 그러하니라

¹⁹내 열매는 금이나 정금보다 나으며
내 소득은 순은보다 나으니라

²⁰나는 정의로운 길로 행하며 공의로운 길 가운데로 다니나니

²¹이는 나를 사랑하는 자가 재물을 얻어서
그 곳간에 채우게 하려 함이니라

²²여호와께서 그 조화(造化)의 시작 곧 태초에 일하시기 전에

나를 가지셨으며

²³만세 전부터, 태초부터, 땅이 생기기 전부터
내가 세움을 받았나니

²⁴아직 바다가 생기지 아니하였고
큰 샘들이 있기 전에 내가 이미 났으며

²⁵산이 세워지기 전에, 언덕이 생기기 전에 내가 이미 났으니

²⁶하나님이 아직 땅도, 들도, 세상 진토의 근원도
짓지 아니하셨을 때에라

²⁷그가 하늘을 지으시며 궁창을 해면에 두르실 때에
내가 거기 있었고

²⁸그가 위로 구름 하늘을 견고하게 하시며
바다의 샘들을 힘 있게 하시며

²⁹바다의 한계를 정하여 물이 명령을 거스르지 못하게 하시며
또 땅의 기초를 정하실 때에

³⁰내가 그 곁에 있어서 창조자가 되어
날마다 그의 기뻐하신 바가 되었으며
항상 그 앞에서 즐거워하였으며

³¹사람이 거처할 땅에서 즐거워하며 인자들을 기뻐하였느니라

³²아들들아 이제 내게 들으라
내 도를 지키는 자가 복이 있느니라

³³훈계를 들어서 지혜를 얻으라 그것을 버리지 말라

³⁴누구든지 내게 들으며 날마다 내 문 곁에서 기다리며
문설주 옆에서 기다리는 자는 복이 있나니

³⁵대저 나를 얻는 자는 생명을 얻고

여호와께 은총을 얻을 것임이니라

36 그러나 나를 잃는 자는 자기의 영혼을 해하는 자라
나를 미워하는 자는 사망을 사랑하느니라

지혜와 어리석음

9 1 지혜가 그의 집을 짓고 일곱 기둥을 다듬고

2 짐승을 잡으며 포도주를 혼합하여 상을 갖추고

3 자기의 여종을 보내어 성중 높은 곳에서 불러 이르기를

4 어리석은 자는 이리로 돌이키라 또 지혜 없는 자에게 이르기를

5 너는 와서 내 식물을 먹으며 내 혼합한 포도주를 마시고

6 어리석음을 버리고 생명을 얻으라
명철의 길을 행하라 하느니라

7 거만한 자를 징계하는 자는 도리어 능욕을 받고

악인을 책망하는 자는 도리어 흠이 잡히느니라

8 거만한 자를 책망하지 말라 그가 너를 미워할까 두려우니라
지혜 있는 자를 책망하라 그가 너를 사랑하리라

9 지혜 있는 자에게 교훈을 더하라 그가 더욱 지혜로워질 것이요
의로운 사람을 가르치라 그의 학식이 더하리라

10 여호와를 경외하는 것이 지혜의 근본이요
거룩하신 자를 아는 것이 명철이니라

11 나 지혜로 말미암아 네 날이 많아질 것이요
네 생명의 해가 네게 더하리라

12 네가 만일 지혜로우면 그 지혜가 네게 유익할 것이나
네가 만일 거만하면 너 홀로 해를 당하리라

13 미련한 여인이 떠들며 어리석어서 아무것도 알지 못하고

14 자기 집 문에 앉으며 성읍 높은 곳에 있는 자리에 앉아서

15 자기 길을 바로 가는 행인들을 불러 이르되

16 어리석은 자는 이리로 돌이키라
또 지혜 없는 자에게 이르기를

17 도둑질한 물이 달고 몰래 먹는 떡이 맛이 있다 하는도다

18 오직 그 어리석은 자는 죽은 자들이 거기 있는 것과
그의 객들이 스올 깊은 곳에 있는 것을 알지 못하느니라

솔로몬의 잠언

10 1 솔로몬의 잠언이라
지혜로운 아들은 아비를 기쁘게 하거니와
미련한 아들은 어미의 근심이니라

2 불의의 재물은 무익하여도 공의는 죽음에서 건지느니라

3 여호와께서 의인의 영혼은 주리지 않게 하시나
악인의 소욕은 물리치시느니라

4 손을 게으르게 놀리는 자는 가난하게 되고
손이 부지런한 자는 부하게 되느니라

5 여름에 거두는 자는 지혜로운 아들이나
추수 때에 자는 자는 부끄러움을 끼치는 아들이니라

6 의인의 머리에는 복이 임하나 악인의 입은 독을 머금었느니라

7 의인을 기념할 때에는 칭찬하거니와
악인의 이름은 썩게 되느니라

8 마음이 지혜로운 자는 계명을 받거니와
입이 미련한 자는 멸망하리라

9 바른 길로 행하는 자는 걸음이 평안하려니와

굽은 길로 행하는 자는 드러나리라

10 눈짓하는 자는 근심을 끼치고 입이 미련한 자는 멸망하느니라

11 의인의 입은 생명의 샘이라도 악인의 입은 독을 머금었느니라

12 미움은 다툼을 일으켜도 사랑은 모든 허물을 가리느니라

13 명철한 자의 입술에는 지혜가 있어도
지혜 없는 자의 등을 위하여는 채찍이 있느니라

14 지혜로운 자는 지식을 간직하거니와
미련한 자의 입은 멸망에 가까우니라

15 부자의 재물(財物)은 그의 견고한 성이요
가난한 자의 궁핍은 그의 멸망이니라

16 의인의 수고는 생명에 이르고 악인의 소득은 죄에 이르느니라

17 훈계를 지키는 자는 생명 길로 행하여도

징계를 버리는 자는 그릇 가느니라

¹⁸미움을 감추는 자는 거짓된 입술을 가진 자요
중상하는 자는 미련한 자이니라

¹⁹말이 많으면 허물을 면하기 어려우나
그 입술을 제어하는 자는 지혜가 있느니라

²⁰의인의 혀는 순은과 같거니와 악인의 마음은 가치가 적으니라

²¹의인의 입술은 여러 사람을 교육하나
미련한 자는 지식이 없어 죽느니라

²²여호와께서 주시는 복은 사람을 부하게 하고
근심을 겸하여 주지 아니하시느니라

²³미련한 자는 행악으로 낙을 삼는 것 같이
명철한 자는 지혜로 낙을 삼느니라

²⁴악인에게는 그의 두려워하는 것이 임하거니와
　의인은 그 원하는 것이 이루어지느니라

²⁵회오리바람이 지나가면 악인은 없어져도
　의인은 영원한 기초 같으니라

²⁶게으른 자는 그 부리는 사람에게
　마치 이에 식초 같고 눈에 연기 같으니라

²⁷여호와를 경외하면 장수하느니라
　그러나 악인의 수명은 짧아지느니라

²⁸의인의 소망은 즐거움을 이루어도 악인의 소망은 끊어지느니라

²⁹여호와의 도가 정직한 자에게는 산성이요
　행악하는 자에게는 멸망이니라

³⁰의인은 영영히 이동되지 아니하여도

악인은 땅에 거하지 못하게 되느니라

³¹의인의 입은 지혜를 내어도 패역한 혀는 베임을 당할 것이니라

³²의인의 입술은 기쁘게 할 것을 알거늘
악인의 입은 패역을 말하느니라

11 ¹속이는 저울은 여호와께서 미워하시나
공평한 추는 그가 기뻐하시느니라

²교만이 오면 욕도 오거니와 겸손한 자에게는 지혜가 있느니라

³정직한 자의 성실은 자기를 인도하거니와
사악한 자의 패역은 자기를 망하게 하느니라

⁴재물은 진노하시는 날에 무익하나 공의는 죽음에서 건지느니라

⁵완전한 자의 공의는 자기의 길을 곧게 하려니와
악한 자는 자기의 악으로 말미암아 넘어지리라

6 정직한 자의 공의는 자기를 건지려니와
  사악한 자는 자기의 악에 잡히리라

7 악인은 죽을 때에 그 소망이 끊어지나니
  불의의 소망이 없어지느니라

8 의인은 환난에서 구원을 얻으나 악인은 자기의 길로 가느니라

9 악인은 입으로 그의 이웃을 망하게 하여도
  의인은 그의 지식으로 말미암아 구원을 얻느니라

10 의인이 형통(亨通)하면 성읍이 즐거워하고
   악인이 패망하면 기뻐 외치느니라

11 성읍은 정직한 자의 축복으로 인하여 진흥하고
   악한 자의 입으로 말미암아 무너지느니라

12 지혜 없는 자는 그의 이웃을 멸시하나

명철한 자는 잠잠하느니라

¹³두루 다니며 한담하는 자는 남의 비밀을 누설하나
마음이 신실한 자는 그런 것을 숨기느니라

¹⁴지략이 없으면 백성이 망하여도
지략이 많으면 평안을 누리느니라

¹⁵타인을 위하여 보증이 되는 자는 손해를 당하여도
보증이 되기를 싫어하는 자는 평안하니라

¹⁶유덕한 여자는 존영을 얻고 근면한 남자는 재물을 얻느니라

¹⁷인자한 자는 자기의 영혼을 이롭게 하고
잔인한 자는 자기의 몸을 해롭게 하느니라

¹⁸악인의 삯은 허무하되 공의를 뿌린 자의 상은 확실하니라

¹⁹공의를 굳게 지키는 자는 생명에 이르고

악을 따르는 자는 사망에 이르느니라

20 마음이 굽은 자는 여호와께 미움을 받아도
행위가 온전한 자는 그의 기뻐하심을 받느니라

21 악인은 피차 손을 잡을지라도 벌을 면하지 못할 것이나
의인의 자손은 구원을 얻으리라

22 아름다운 여인이 삼가지 아니하는 것은
마치 돼지 코에 금 고리 같으니라

23 의인의 소원은 오직 선하나 악인의 소망은 진노를 이루느니라

24 흩어 구제하여도 더욱 부하게 되는 일이 있나니
과도히 아껴도 가난하게 될 뿐이니라

25 구제를 좋아하는 자는 풍족하여질 것이요
남을 윤택하게 하는 자는 자기도 윤택하여지리라

²⁶곡식을 내놓지 아니하는 자는 백성에게 저주를 받을 것이나
파는 자는 그의 머리에 복이 임하리라

²⁷선을 간절히 구하는 자는 은총을 얻으려니와
악을 더듬어 찾는 자에게는 악이 임하리라

²⁸자기의 재물을 의지하는 자는 패망하려니와
의인은 푸른 잎사귀 같아서 번성하리라

²⁹자기 집을 해롭게 하는 자의 소득은 바람이라
미련한 자는 마음이 지혜로운 자의 종이 되리라

³⁰의인의 열매는 생명 나무라 지혜로운 자는 사람을 얻느니라

³¹보라 의인이라도 이 세상에서 보응(報應)을 받겠거든
하물며 악인과 죄인이리요

12

¹훈계를 좋아하는 자는 지식을 좋아하거니와

징계를 싫어하는 자는 짐승과 같으니라

2 선인은 여호와께 은총을 받으려니와
악을 꾀하는 자는 정죄하심을 받으리라

3 사람이 악으로서 굳게 서지 못하거니와
의인의 뿌리는 움직이지 아니하느니라

4 어진 여인은 그 지아비의 면류관이나
욕을 끼치는 여인은 그 지아비의 뼈가 썩음 같게 하느니라

5 의인의 생각은 정직하여도 악인의 도모는 속임이니라

6 악인의 말은 사람을 엿보아 피를 흘리자 하는 것이거니와
정직한 자의 입은 사람을 구원하느니라

7 악인은 엎드러져서 소멸되려니와 의인의 집은 서 있으리라

8 사람은 그 지혜대로 칭찬을 받으려니와

마음이 굽은 자는 멸시를 받으리라

9 비천히 여김을 받을지라도 종을 부리는 자는
스스로 높은 체하고도 음식이 핍절한 자보다 나으니라

10 의인은 자기의 가축의 생명을 돌보나
악인의 긍휼은 잔인이니라

11 자기의 토지를 경작하는 자는 먹을 것이 많거니와
방탕한 것을 따르는 자는 지혜가 없느니라

12 악인은 불의의 이익을 탐하나
의인은 그 뿌리로 말미암아 결실하느니라

13 악인은 입술의 허물로 말미암아 그물에 걸려도
의인은 환난에서 벗어나느니라

14 사람은 입의 열매로 말미암아 복록에 족하며

그 손이 행하는 대로 자기가 받느니라

15 미련한 자는 자기 행위를 바른 줄로 여기나
지혜로운 자는 권고를 듣느니라

16 미련한 자는 당장 분노를 나타내거니와
슬기로운 자는 수욕을 참느니라

17 진리를 말하는 자는 의를 나타내어도
거짓 증인은 속이는 말을 하느니라

18 칼로 찌름 같이 함부로 말하는 자가 있거니와
지혜로운 자의 혀는 양약과 같으니라

19 진실한 입술은 영원히 보존되거니와
거짓 혀는 잠시 동안만 있을 뿐이니라

20 악을 꾀하는 자의 마음에는 속임이 있고

화평을 의논하는 자에게는 희락이 있느니라

21 의인에게는 어떤 재앙도 임하지 아니하려니와
악인에게는 앙화(殃禍)가 가득하리라

22 거짓 입술은 여호와께 미움을 받아도
진실하게 행하는 자는 그의 기뻐하심을 받느니라

23 슬기로운 자는 지식을 감추어도
미련한 자의 마음은 미련한 것을 전파하느니라

24 부지런한 자의 손은 사람을 다스리게 되어도
게으른 자는 부림을 받느니라

25 근심이 사람의 마음에 있으면 그것으로 번뇌하게 되나
선한 말은 그것을 즐겁게 하느니라

26 의인은 그 이웃의 인도자가 되나

악인의 소행은 자신을 미혹하느니라

27 게으른 자는 그 잡을 것도 사냥하지 아니하나니
사람의 부귀는 부지런한 것이니라

28 공의로운 길에 생명이 있나니 그 길에는 사망이 없느니라

13

1 지혜로운 아들은 아비의 훈계를 들으나
거만한 자는 꾸지람을 즐겨 듣지 아니하느니라

2 사람은 입의 열매로 인하여 복록을 누리거니와
마음이 궤사한 자는 강포를 당하느니라

3 입을 지키는 자는 자기의 생명을 보전하나
입술을 크게 벌리는 자에게는 멸망이 오느니라

4 게으른 자는 마음으로 원하여도 얻지 못하나
부지런한 자의 마음은 풍족함을 얻느니라

5 의인은 거짓말을 미워하나
악인은 행위가 흉악하여 부끄러운 데에 이르느니라

6 공의는 행실이 정직한 자를 보호하고
악은 죄인을 패망하게 하느니라

7 스스로 부한 체하여도 아무 것도 없는 자가 있고
스스로 가난한 체하여도 재물이 많은 자가 있느니라

8 사람의 재물이 자기 생명의 속전일 수 있으나
가난한 자는 협박을 받을 일이 없느니라

9 의인의 빛은 환하게 빛나고 악인의 등불은 꺼지느니라

10 교만에서는 다툼만 일어날 뿐이라
권면을 듣는 자는 지혜가 있느니라

11 망령되이 얻은 재물은 줄어가고

손으로 모은 것은 늘어가느니라

¹²소망이 더디 이루어지면 그것이 마음을 상하게 하거니와
소원이 이루어지는 것은 곧 생명 나무니라

¹³말씀을 멸시하는 자는 자기에게 패망을 이루고
계명을 두려워하는 자는 상을 받느니라

¹⁴지혜 있는 자의 교훈은 생명의 샘이니
사망의 그물에서 벗어나게 하느니라

¹⁵선한 지혜는 은혜를 베푸나 사악한 자의 길은 험하니라

¹⁶무릇 슬기로운 자는 지식으로 행하거니와
미련한 자는 자기의 미련한 것을 나타내느니라

¹⁷악한 사자는 재앙에 빠져도 충성된 사신은 양약이 되느니라

¹⁸훈계를 저버리는 자에게는 궁핍과 수욕이 이르거니와

경계를 받는 자는 존영을 받느니라

¹⁹소원을 성취하면 마음에 달아도
미련한 자는 악에서 떠나기를 싫어하느니라

²⁰지혜로운 자와 동행하면 지혜를 얻고
미련한 자와 사귀면 해를 받느니라

²¹재앙은 죄인을 따르고 선한 보응은 의인에게 이르느니라

²²선인은 그 산업을 자자 손손에게 끼쳐도
죄인의 재물은 의인을 위하여 쌓이느니라

²³가난한 자는 밭을 경작함으로 양식이 많아지거니와
불의로 말미암아 가산을 탕진하는 자가 있느니라

²⁴매를 아끼는 자는 그의 자식을 미워함이라
자식을 사랑하는 자는 근실히 징계하느니라

²⁵ 의인은 포식하여도 악인의 배는 주리느니라

14 ¹ 지혜로운 여인은 자기 집을 세우되
미련한 여인은 자기 손으로 그것을 허느니라

² 정직하게 행하는 자는 여호와를 경외하여도
패역하게 행하는 자는 여호와를 경멸하느니라

³ 미련한 자는 교만하여 입으로 매를 자청하고
지혜로운 자의 입술은 자기를 보전하느니라

⁴ 소가 없으면 구유는 깨끗하려니와
소의 힘으로 얻는 것이 많으니라

⁵ 신실한 증인은 거짓말을 아니하여도
거짓 증인은 거짓말을 뱉느니라

⁶ 거만한 자는 지혜를 구하여도 얻지 못하거니와

명철한 자는 지식 얻기가 쉬우니라

7 너는 미련한 자의 앞을 떠나라
그 입술에 지식 있음을 보지 못함이니라

8 슬기로운 자의 지혜는 자기의 길을 아는 것이라도
미련한 자의 어리석음은 속이는 것이니라

9 미련한 자는 죄를 심상히 여겨도
정직한 자 중에는 은혜가 있느니라

10 마음의 고통은 자기가 알고
마음의 즐거움은 타인이 참여하지 못하느니라

11 악한 자의 집은 망하겠고 정직한 자의 장막은 흥하리라

12 어떤 길은 사람이 보기에 바르나 필경은 사망의 길이니라

13 웃을 때에도 마음에 슬픔이 있고

즐거움의 끝에도 근심이 있느니라

¹⁴마음이 굽은 자는 자기 행위로 보응이 가득하겠고
  선한 사람도 자기의 행위로 그러하리라

¹⁵어리석은 자는 온갖 말을 믿으나
  슬기로운 자는 자기의 행동을 삼가느니라

¹⁶지혜로운 자는 두려워하여 악을 떠나나
  어리석은 자는 방자(放恣)하여 스스로 믿느니라

¹⁷노하기를 속히 하는 자는 어리석은 일을 행하고
  악한 계교를 꾀하는 자는 미움을 받느니라

¹⁸어리석은 자는 어리석음으로 기업을 삼아도
  슬기로운 자는 지식으로 면류관을 삼느니라

¹⁹악인은 선인 앞에 엎드리고

불의한 자는 의인의 문에 엎드리느니라

20 가난한 자는 이웃에게도 미움을 받게 되나
부요한 자는 친구가 많으니라

21 이웃을 업신여기는 자는 죄를 범하는 자요
빈곤한 자를 불쌍히 여기는 자는 복이 있는 자니라

22 악을 도모하는 자는 잘못 가는 것이 아니냐
선을 도모하는 자에게는 인자와 진리가 있으리라

23 모든 수고에는 이익이 있어도
입술의 말은 궁핍을 이룰 뿐이니라

24 지혜로운 자의 재물은 그의 면류관이요
미련한 자의 소유는 다만 미련한 것이니라

25 진실한 증인은 사람의 생명을 구원하여도

거짓말을 뱉는 사람은 속이느니라

26 여호와를 경외하는 자에게는 견고한 의뢰가 있나니
그 자녀들에게 피난처가 있으리라

27 여호와를 경외하는 것은 생명의 샘이니
사망의 그물에서 벗어나게 하느니라

28 백성이 많은 것은 왕의 영광이요
백성이 적은 것은 주권자의 패망이니라

29 노하기를 더디 하는 자는 크게 명철하여도
마음이 조급한 자는 어리석음을 나타내느니라

30 평온한 마음은 육신의 생명이나 시기는 뼈를 썩게 하느니라

31 가난한 사람을 학대하는 자는 그를 지으신 이를 멸시하는 자요
궁핍한 사람을 불쌍히 여기는 자는 주를 공경하는 자니라

³²악인은 그의 환난에 엎드러져도
의인은 그의 죽음에도 소망이 있느니라

³³지혜는 명철한 자의 마음에 머물거니와
미련한 자의 속에 있는 것은 나타나느니라

³⁴공의는 나라를 영화롭게 하고 죄는 백성을 욕되게 하느니라

³⁵슬기롭게 행하는 신하는 왕에게 은총을 입고
욕을 끼치는 신하는 그의 진노를 당하느니라

15 ¹유순한 대답은 분노를 쉬게 하여도
과격한 말은 노를 격동하느니라

²지혜 있는 자의 혀는 지식을 선히 베풀고
미련한 자의 입은 미련한 것을 쏟느니라

³여호와의 눈은 어디서든지 악인과 선인을 감찰하시느니라

4 온순한 혀는 곧 생명 나무이지만
  패역한 혀는 마음을 상하게 하느니라

5 아비의 훈계를 업신여기는 자는 미련한 자요
  경계를 받는 자는 슬기를 얻을 자니라

6 의인의 집에는 많은 보물이 있어도
  악인의 소득은 고통이 되느니라

7 지혜로운 자의 입술은 지식을 전파하여도
  미련한 자의 마음은 정함이 없느니라

8 악인의 제사는 여호와께서 미워하셔도
  정직한 자의 기도는 그가 기뻐하시느니라

9 악인의 길은 여호와께서 미워하셔도
  공의를 따라가는 자는 그가 사랑하시느니라

10 도를 배반하는 자는 엄한 징계를 받을 것이요
견책을 싫어하는 자는 죽을 것이니라

11 스올과 아바돈도 여호와의 앞에 드러나거든
하물며 사람의 마음이리요

12 거만한 자는 견책 받기를 좋아하지 아니하며
지혜 있는 자에게로 가지도 아니하느니라

13 마음의 즐거움은 얼굴을 빛나게 하여도
마음의 근심은 심령을 상하게 하느니라

14 명철한 자의 마음은 지식을 요구하고
미련한 자의 입은 미련한 것을 즐기느니라

15 고난 받는 자는 그 날이 다 험악하나
마음이 즐거운 자는 항상 잔치하느니라

¹⁶가산이 적어도 여호와를 경외하는 것이
크게 부하고 번뇌하는 것보다 나으니라

¹⁷채소를 먹으며 서로 사랑하는 것이
살진 소를 먹으며 서로 미워하는 것보다 나으니라

¹⁸분을 쉽게 내는 자는 다툼을 일으켜도
노하기를 더디 하는 자는 시비를 그치게 하느니라

¹⁹게으른 자의 길은 가시 울타리 같으나
정직한 자의 길은 대로니라

²⁰지혜로운 아들은 아비를 즐겁게 하여도
미련한 자는 어미를 업신여기느니라

²¹무지(無知)한 자는 미련한 것을 즐겨 하여도
명철한 자는 그 길을 바르게 하느니라

²²의논이 없으면 경영이 무너지고
지략이 많으면 경영이 성립하느니라

²³사람은 그 입의 대답으로 말미암아 기쁨을 얻나니
때에 맞는 말이 얼마나 아름다운고

²⁴지혜로운 자는 위로 향한 생명 길로 말미암음으로
그 아래에 있는 스올을 떠나게 되느니라

²⁵여호와는 교만한 자의 집을 허시며
과부의 지계를 정하시느니라

²⁶악한 꾀는 여호와께서 미워하시나 선한 말은 정결하니라

²⁷이익을 탐하는 자는 자기 집을 해롭게 하나
뇌물을 싫어하는 자는 살게 되느니라

²⁸의인의 마음은 대답할 말을 깊이 생각하여도

악인의 입은 악을 쏟느니라

29 여호와는 악인을 멀리 하시고 의인의 기도를 들으시느니라

30 눈이 밝은 것은 마음을 기쁘게 하고
좋은 기별은 뼈를 윤택하게 하느니라

31 생명의 경계를 듣는 귀는 지혜로운 자 가운데에 있느니라

32 훈계 받기를 싫어하는 자는 자기의 영혼을 경히 여김이라
견책을 달게 받는 자는 지식을 얻느니라

33 여호와를 경외하는 것은 지혜의 훈계라
겸손은 존귀의 길잡이니라

16 1 마음의 경영은 사람에게 있어도
말의 응답은 여호와께로부터 나오느니라

2 사람의 행위가 자기 보기에는 모두 깨끗하여도

여호와는 심령을 감찰(鑑察)하시느니라

3 너의 행사를 여호와께 맡기라
그리하면 네가 경영하는 것이 이루어지리라

4 여호와께서 온갖 것을 그 쓰임에 적당하게 지으셨나니
악인도 악한 날에 적당하게 하셨느니라

5 무릇 마음이 교만한 자를 여호와께서 미워하시나니
피차 손을 잡을지라도 벌을 면하지 못하리라

6 인자와 진리로 인하여 죄악이 속하게 되고
여호와를 경외함으로 말미암아 악에서 떠나게 되느니라

7 사람의 행위가 여호와를 기쁘시게 하면
그 사람의 원수라도 그와 더불어 화목하게 하시느니라

8 적은 소득이 공의를 겸하면

많은 소득이 불의를 겸한 것보다 나으니라

9 사람이 마음으로 자기의 길을 계획할지라도
그의 걸음을 인도하시는 이는 여호와시니라

10 하나님의 말씀이 왕의 입술에 있은즉
재판할 때에 그의 입이 그르치지 아니하리라

11 공평한 저울과 접시 저울은 여호와의 것이요
주머니 속의 저울추도 다 그가 지으신 것이니라

12 악을 행하는 것은 왕들이 미워할 바니
이는 그 보좌가 공의로 말미암아 굳게 섬이니라

13 의로운 입술은 왕들이 기뻐하는 것이요
정직하게 말하는 자는 그들의 사랑을 입느니라

14 왕의 진노는 죽음의 사자들과 같아도

지혜로운 사람은 그것을 쉬게 하리라

15 왕의 희색은 생명을 뜻하나니
그의 은택이 늦은 비를 내리는 구름과 같으니라

16 지혜를 얻는 것이 금을 얻는 것보다 얼마나 나은고
명철을 얻는 것이 은을 얻는 것보다 더욱 나으니라

17 악을 떠나는 것은 정직한 사람의 대로이니
자기의 길을 지키는 자는 자기의 영혼을 보전하느니라

18 교만은 패망의 선봉이요 거만한 마음은 넘어짐의 앞잡이니라

19 겸손한 자와 함께 하여 마음을 낮추는 것이
교만한 자와 함께 하여 탈취물을 나누는 것보다 나으니라

20 삼가 말씀에 주의하는 자는 좋은 것을 얻나니
여호와를 의지하는 자는 복이 있느니라

21 마음이 지혜로운 자는 명철하다 일컬음을 받고
입이 선한 자는 남의 학식을 더하게 하느니라

22 명철한 자에게는 그 명철이 생명의 샘이 되거니와
미련한 자에게는 그 미련한 것이 징계가 되느니라

23 지혜로운 자의 마음은 그의 입을 슬기롭게 하고
또 그의 입술에 지식(知識)을 더하느니라

24 선한 말은 꿀송이 같아서 마음에 달고 뼈에 양약이 되느니라

25 어떤 길은 사람이 보기에 바르나 필경은 사망의 길이니라

26 고되게 일하는 자는 식욕으로 말미암아 애쓰나니
이는 그의 입이 자기를 독촉함이니라

27 불량한 자는 악을 꾀하나니
그 입술에는 맹렬한 불 같은 것이 있느니라

28 패역한 자는 다툼을 일으키고
말쟁이는 친한 벗을 이간하느니라

29 강포한 사람은 그 이웃을 꾀어
좋지 아니한 길로 인도하느니라

30 눈짓을 하는 자는 패역한 일을 도모하며
입술을 닫는 자는 악한 일을 이루느니라

31 백발은 영화의 면류관이라 공의로운 길에서 얻으리라

32 노하기를 더디하는 자는 용사보다 낫고
자기의 마음을 다스리는 자는 성을 빼앗는 자보다 나으니라

33 제비는 사람이 뽑으나
모든 일을 작정하기는 여호와께 있느니라

17

1 마른 떡 한 조각만 있고도 화목하는 것이

제육이 집에 가득하고도 다투는 것보다 나으니라

2 슬기로운 종은 부끄러운 짓을 하는 주인의 아들을 다스리겠고
또 형제들 중에서 유업을 나누어 얻으리라

3 도가니는 은을, 풀무는 금을 연단하거니와
여호와는 마음을 연단하시느니라

4 악을 행하는 자는 사악한 입술이 하는 말을 잘 듣고
거짓말을 하는 자는 악한 혀가 하는 말에 귀를 기울이느니라

5 가난한 자를 조롱하는 자는 그를 지으신 주를 멸시하는 자요
사람의 재앙을 기뻐하는 자는 형벌을 면하지 못할 자니라

6 손자는 노인의 면류관이요 아비는 자식의 영화니라

7 지나친 말을 하는 것도 미련한 자에게 합당하지 아니하거든
하물며 거짓말을 하는 것이 존귀한 자에게 합당하겠느냐

8 뇌물은 그 임자가 보기에 보석 같은즉
그가 어디로 향하든지 형통하게 하느니라

9 허물을 덮어 주는 자는 사랑을 구하는 자요
그것을 거듭 말하는 자는 친한 벗을 이간하는 자니라

10 한 마디 말로 총명한 자에게 충고하는 것이
매 백 대로 미련한 자를 때리는 것보다 더욱 깊이 박히느니라

11 악한 자는 반역만 힘쓰나니
그러므로 그에게 잔인한 사자가 보냄을 받으리라

12 차라리 새끼 빼앗긴 암곰을 만날지언정
미련한 일을 행하는 미련한 자를 만나지 말 것이니라

13 누구든지 악으로 선을 갚으면
악이 그 집을 떠나지 아니하리라

¹⁴다투는 시작은 둑에서 물이 새는 것 같은즉
싸움이 일어나기 전에 시비를 그칠 것이니라

¹⁵악인을 의롭다 하고 의인을 악하다 하는 이 두 사람은
다 여호와께 미움을 받느니라

¹⁶미련한 자는 무지하거늘
손에 값을 가지고 지혜를 사려 함은 어찜인고

¹⁷친구는 사랑이 끊어지지 아니하고
형제는 위급(危急)한 때를 위하여 났느니라

¹⁸지혜 없는 자는 남의 손을 잡고
그의 이웃 앞에서 보증이 되느니라

¹⁹다툼을 좋아하는 자는 죄과를 좋아하는 자요
자기 문을 높이는 자는 파괴를 구하는 자니라

20 마음이 굽은 자는 복을 얻지 못하고
혀가 패역한 자는 재앙에 빠지느니라

21 미련한 자를 낳는 자는 근심을 당하나니
미련한 자의 아비는 낙이 없느니라

22 마음의 즐거움은 양약이라도
심령의 근심은 뼈를 마르게 하느니라

23 악인은 사람의 품에서 뇌물을 받고 재판을 굽게 하느니라

24 지혜는 명철한 자 앞에 있거늘
미련한 자는 눈을 땅 끝에 두느니라

25 미련한 아들은 그 아비의 근심이 되고
그 어미의 고통이 되느니라

26 의인을 벌하는 것과 귀인을 정직하다고 때리는 것은

선하지 못하느니라

27 말을 아끼는 자는 지식이 있고
성품이 냉철한 자는 명철하느니라

28 미련한 자라도 잠잠하면 지혜로운 자로 여겨지고
그의 입술을 닫으면 슬기로운 자로 여겨지느니라

18 1 무리에게서 스스로 갈라지는 자는
자기 소욕을 따르는 자라
온갖 참 지혜를 배척하느니라

2 미련한 자는 명철을 기뻐하지 아니하고
자기의 의사를 드러내기만 기뻐하느니라

3 악한 자가 이를 때에는 멸시도 따라오고
부끄러운 것이 이를 때에는 능욕도 함께 오느니라

4 명철한 사람의 입의 말은 깊은 물과 같고
지혜의 샘은 솟구쳐 흐르는 내와 같으니라

5 악인을 두둔하는 것과 재판할 때에
의인을 억울하게 하는 것이 선하지 아니하니라

6 미련한 자의 입술은 다툼을 일으키고
그의 입은 매를 자청하느니라

7 미련한 자의 입은 그의 멸망이 되고
그의 입술은 그의 영혼의 그물이 되느니라

8 남의 말하기를 좋아하는 자의 말은 별식과 같아서
뱃속 깊은 데로 내려가느니라

9 자기의 일을 게을리하는 자는 패가하는 자의 형제니라

10 여호와의 이름은 견고한 망대라

의인은 그리로 달려가서 안전함을 얻느니라

11 부자의 재물은 그의 견고한 성이라
그가 높은 성벽 같이 여기느니라

12 사람의 마음의 교만은 멸망의 선봉이요
겸손은 존귀의 길잡이니라

13 사연을 듣기 전에 대답하는 자는 미련하여 욕을 당하느니라

14 사람의 심령은 그의 병을 능히 이기려니와
심령이 상하면 그것을 누가 일으키겠느냐

15 명철한 자의 마음은 지식을 얻고
지혜로운 자의 귀는 지식을 구하느니라

16 사람의 선물은 그의 길을 넓게 하며
또 존귀한 자 앞으로 그를 인도(引導)하느니라

17 송사에서는 먼저 온 사람의 말이 바른 것 같으나
그의 상대자가 와서 밝히느니라

18 제비 뽑는 것은 다툼을 그치게 하여
강한 자 사이에 해결하게 하느니라

19 노엽게 한 형제와 화목하기가
견고한 성을 취하기보다 어려운즉
이러한 다툼은 산성 문빗장 같으니라

20 사람은 입에서 나오는 열매로 말미암아 배부르게 되나니
곧 그의 입술에서 나는 것으로 말미암아 만족하게 되느니라

21 죽고 사는 것이 혀의 힘에 달렸나니
혀를 쓰기 좋아하는 자는 혀의 열매를 먹으리라

22 아내를 얻는 자는 복을 얻고 여호와께 은총을 받는 자니라

²³가난한 자는 간절한 말로 구하여도
부자는 엄한 말로 대답하느니라

²⁴많은 친구를 얻는 자는 해를 당하게 되거니와
어떤 친구는 형제보다 친밀(親密)하니라

19 ¹가난하여도 성실하게 행하는 자는
입술이 패역하고 미련한 자보다 나으니라

²지식 없는 소원은 선하지 못하고
발이 급한 사람은 잘못 가느니라

³사람이 미련하므로 자기 길을 굽게 하고
마음으로 여호와를 원망하느니라

⁴재물은 많은 친구를 더하게 하나
가난한즉 친구가 끊어지느니라

5 거짓 증인은 벌을 면하지 못할 것이요
거짓말을 하는 자도 피하지 못하리라

6 너그러운 사람에게는 은혜를 구하는 자가 많고
선물 주기를 좋아하는 자에게는 사람마다 친구가 되느니라

7 가난한 자는 그의 형제들에게도 미움을 받거든
하물며 친구야 그를 멀리 하지 아니하겠느냐
따라가며 말하려 할지라도 그들이 없어졌으리라

8 지혜를 얻는 자는 자기 영혼을 사랑하고
명철을 지키는 자는 복을 얻느니라

9 거짓 증인은 벌을 면하지 못할 것이요
거짓말을 뱉는 자는 망할 것이니라

10 미련한 자가 사치하는 것이 적당하지 못하거든

하물며 종이 방백을 다스림이랴

11 노하기를 더디 하는 것이 사람의 슬기요
허물을 용서하는 것이 자기의 영광이니라

12 왕의 노함은 사자의 부르짖음 같고
그의 은택은 풀 위의 이슬 같으니라

13 미련한 아들은 그의 아비의 재앙이요
다투는 아내는 이어 떨어지는 물방울이니라

14 집과 재물은 조상에게서 상속하거니와
슬기로운 아내는 여호와께로서 말미암느니라

15 게으름이 사람으로 깊이 잠들게 하나니
태만한 사람은 주릴 것이니라

16 계명을 지키는 자는 자기의 영혼을 지키거니와

자기의 행실을 삼가지 아니하는 자는 죽으리라

17 가난한 자를 불쌍히 여기는 것은
여호와께 꾸어 드리는 것이니
그의 선행을 그에게 갚아 주시리라

18 네가 네 아들에게 희망이 있은즉
그를 징계하되 죽일 마음은 두지 말지니라

19 노하기를 맹렬히 하는 자는 벌을 받을 것이라
네가 그를 건져 주면 다시 그런 일이 생기리라

20 너는 권고를 들으며 훈계를 받으라
그리하면 네가 필경은 지혜롭게 되리라

21 사람의 마음에는 많은 계획이 있어도
오직 여호와의 뜻만이 완전히 서리라

²²사람은 자기의 인자함으로 남에게 사모함을 받느니라
가난한 자는 거짓말하는 자보다 나으니라

²³여호와를 경외하는 것은 사람으로 생명에 이르게 하는 것이라
경외하는 자는 족하게 지내고 재앙을 당하지 아니하느니라

²⁴게으른 자는 자기의 손을 그릇에 넣고서도
입으로 올리기를 괴로워하느니라

²⁵거만한 자를 때리라 그리하면 어리석은 자도 지혜를 얻으리라
명철한 자를 견책하라 그리하면 그가 지식을 얻으리라

²⁶아비를 구박하고 어미를 쫓아내는 자는
부끄러움을 끼치며 능욕을 부르는 자식이니라

²⁷내 아들아 지식의 말씀에서 떠나게 하는 교훈을
듣지 말지니라

²⁸망령된 증인은 정의를 업신여기고
악인의 입은 죄악을 삼키느니라

²⁹심판은 거만한 자를 위하여 예비된 것이요
채찍은 어리석은 자의 등을 위하여 예비된 것이니라

20

¹ 포도주는 거만하게 하는 것이요
독주는 떠들게 하는 것이라
이에 미혹되는 자마다 지혜가 없느니라

² 왕의 진노는 사자의 부르짖음 같으니
그를 노하게 하는 것은 자기의 생명을 해하는 것이니라

³ 다툼을 멀리 하는 것이 사람에게 영광이거늘
미련한 자마다 다툼을 일으키느니라

⁴ 게으른 자는 가을에 밭 갈지 아니하나니

그러므로 거둘 때에는 구걸할지라도 얻지 못하리라

5 사람의 마음에 있는 모략은 깊은 물 같으니라
  그럴지라도 명철한 사람은 그것을 길어 내느니라

6 많은 사람이 각기 자기의 인자함을 자랑하나니
  충성된 자를 누가 만날 수 있으랴

7 온전하게 행하는 자가 의인이라 그의 후손에게 복이 있느니라

8 심판 자리에 앉은 왕은
  그의 눈으로 모든 악을 흩어지게 하느니라

9 내가 내 마음을 정하게 하였다
  내 죄를 깨끗하게 하였다 할 자가 누구냐

10 한결같지 않은 저울 추와 한결같지 않은 되는
   다 여호와께서 미워하시느니라

¹¹비록 아이라도 자기의 동작으로
자기 품행이 청결한 여부와 정직한 여부를 나타내느니라

¹²듣는 귀와 보는 눈은 다 여호와께서 지으신 것이니라

¹³너는 잠자기를 좋아하지 말라 네가 빈궁하게 될까 두려우니라
네 눈을 뜨라 그리하면 양식이 족하리라

¹⁴물건을 사는 자가 좋지 못하다 좋지 못하다 하다가
돌아간 후에는 자랑하느니라

¹⁵세상에 금도 있고 진주도 많거니와
지혜로운 입술이 더욱 귀한 보배니라

¹⁶타인을 위하여 보증 선 자의 옷을 취하라
외인들을 위하여 보증 선 자는 그의 몸을 볼모 잡을지니라

¹⁷속이고 취한 음식물은 사람에게 맛이 좋은 듯하나

후에는 그의 입에 모래가 가득하게 되리라

¹⁸경영은 의논함으로 성취하나니 지략을 베풀고 전쟁할지니라

¹⁹두루 다니며 한담하는 자는 남의 비밀을 누설하나니
입술을 벌린 자를 사귀지 말지니라

²⁰자기의 아비나 어미를 저주하는 자는
그의 등불이 흑암 중에 꺼짐을 당하리라

²¹처음에 속히 잡은 산업은 마침내 복이 되지 아니하느니라

²²너는 악을 갚겠다 말하지 말고 여호와를 기다리라
그가 너를 구원하시리라

²³한결같지 않은 저울 추는 여호와께서 미워하시는 것이요
속이는 저울은 좋지 못한 것이니라

²⁴사람의 걸음은 여호와로 말미암나니

사람이 어찌 자기의 길을 알 수 있으랴

25 함부로 이 물건은 거룩하다 하여 서원하고 그 후에 살피면
그것이 그 사람에게 덫이 되느니라

26 지혜로운 왕은 악인들을 키질하며
타작하는 바퀴를 그들 위에 굴리느니라

27 사람의 영혼은 여호와의 등불이라
사람의 깊은 속을 살피느니라

28 왕은 인자와 진리로 스스로 보호하고
그의 왕위도 인자함으로 말미암아 견고하니라

29 젊은 자의 영화는 그의 힘이요
늙은 자의 아름다움은 백발이니라

30 상하게 때리는 것이 악을 없이하나니

매는 사람 속에 깊이 들어가느니라

21 ¹왕의 마음이 여호와의 손에 있음이
마치 봇물과 같아서 그가 임의로 인도하시느니라

²사람의 행위가 자기 보기에는 모두 정직하여도
여호와는 마음을 감찰하시느니라

³공의와 정의를 행하는 것은 제사 드리는 것보다
여호와께서 기쁘게 여기시느니라

⁴눈이 높은 것과 마음이 교만한 것과
악인이 형통한 것은 다 죄니라

⁵부지런한 자의 경영(經營)은 풍부함에 이를 것이나
조급한 자는 궁핍함에 이를 따름이니라

⁶속이는 말로 재물을 모으는 것은 죽음을 구하는 것이라

곧 불려다니는 안개니라

7 악인의 강포는 자기를 소멸하나니
이는 정의를 행하기 싫어함이니라

8 죄를 크게 범한 자의 길은 심히 구부러지고
깨끗한 자의 길은 곧으니라

9 다투는 여인과 함께 큰 집에서 사는 것보다
움막에서 사는 것이 나으니라

10 악인의 마음은 남의 재앙을 원하나니
그 이웃도 그 앞에서 은혜를 입지 못하느니라

11 거만한 자가 벌을 받으면 어리석은 자도 지혜를 얻겠고
지혜로운 자가 고훈을 받으면 지식이 더하리라

12 의로우신 자는 악인의 집을 감찰하시고

악인을 환난에 던지시느니라

¹³귀를 막고 가난한 자가 부르짖는 소리를 듣지 아니하면
자기가 부르짖을 때에도 들을 자가 없으리라

¹⁴은밀한 선물은 노를 쉬게 하고
품 안의 뇌물은 맹렬한 분을 그치게 하느니라

¹⁵정의를 행하는 것이 의인에게는 즐거움이요
죄인에게는 패망이니라

¹⁶명철의 길을 떠난 사람은 사망의 회중에 거하리라

¹⁷연락을 좋아하는 자는 가난하게 되고
술과 기름을 좋아하는 자는 부하게 되지 못하느니라

¹⁸악인은 의인의 속전이 되고
사악한 자는 정직한 자의 대신이 되느니라

¹⁹다투며 성내는 여인과 함께 사는 것보다
광야에서 사는 것이 나으니라

²⁰지혜 있는 자의 집에는 귀한 보배와 기름이 있으나
미련한 자는 이것을 다 삼켜 버리느니라

²¹공의와 인자를 따라 구하는 자는
생명과 공의와 영광을 얻느니라

²²지혜로운 자는 용사의 성에 올라가서
그 성이 의지하는 방벽을 허느니라

²³입과 혀를 지키는 자는 자기의 영혼을 환난에서 보전하느니라

²⁴무례하고 교만한 자를 이름하여 망령된 자라 하나니
이는 넘치는 교만으로 행함이니라

²⁵게으른 자의 욕망이 자기를 죽이나니

이는 자기의 손으로 일하기를 싫어함이니라

26 어떤 자는 종일토록 탐하기만 하나
의인은 아끼지 아니하고 베푸느니라

27 악인의 제물은 본래 가증하거든
하물며 악한 뜻으로 드리는 것이랴

28 거짓 증인은 패망하려니와
확실히 들은 사람의 말은 힘이 있느니라

29 악인은 자기의 얼굴을 굳게 하나
정직한 자는 자기의 행위를 삼가느니라

30 지혜로도 못하고, 명철로도 못하고
모략으로도 여호와를 당하지 못하느니라

31 싸울 날을 위하여 마병을 예비하거니와

이김은 여호와께 있느니라

22 ¹ 많은 재물보다 명예를 택할 것이요
은이나 금보다 은총을 더욱 택할 것이니라

² 가난한 자와 부한 자가 함께 살거니와
그 모두를 지으신 이는 여호와시니라

³ 슬기로운 자는 재앙을 보면 숨어 피하여도
어리석은 자는 나가다가 해를 받느니라

⁴ 겸손과 여호와를 경외함의 보상은 재물과 영광과 생명이니라

⁵ 패역한 자의 길에는 가시와 올무가 있거니와
영혼을 지키는 자는 이를 멀리 하느니라

⁶ 마땅히 행할 길을 아이에게 가르치라
그리하면 늙어도 그것을 떠나지 아니하리라

7 부자는 가난한 자를 주관하고
  빚진 자는 채주의 종이 되느니라

8 악을 뿌리는 자는 재앙을 거두리니
  그 분노의 기세가 쇠하리라

9 선한 눈을 가진 자는 복을 받으리니
  이는 양식을 가난한 자에게 줌이니라

10 거만한 자를 쫓아내면 다툼이 쉬고
   싸움과 수욕이 그치느니라

11 마음의 정결을 사모하는 자의 입술에는 덕이 있으므로
   임금이 그의 친구가 되느니라

12 여호와의 눈은 지식 있는 사람을 지키시나
   사악한 사람의 말은 패하게 하시느니라

13 게으른 자는 말하기를 사자가 밖에 있은즉
내가 나가면 거리에서 찢기겠다 하느니라

14 음녀의 입은 깊은 함정이라
여호와의 노를 당한 자는 거기 빠지리라

15 아이의 마음에는 미련한 것이 얽혔으나
징계하는 채찍이 이를 멀리 쫓아내리라

16 이익을 얻으려고 가난한 자를 학대하는 자와
부자에게 주는 자는 가난하여질 뿐이니라

17 너는 귀를 기울여 지혜 있는 자의 말씀을 들으며
내 지식에 마음을 둘지어다

18 이것을 네 속에 보존하며
네 입술 위에 함께 있게 함이 아름다우니라

¹⁹내가 네게 여호와를 의뢰(依賴)하게 하려 하여
이것을 오늘 특별히 네게 알게 하였노니

²⁰내가 모략과 지식의 아름다운 것을 너를 위해 기록하여

²¹네가 진리의 확실한 말씀을 깨닫게 하며
또 너를 보내는 자에게
진리의 말씀으로 회답하게 하려 함이 아니냐

²²약한 자를 그가 약하다고 탈취하지 말며
곤고한 자를 성문에서 압제하지 말라

²³대저 여호와께서 신원하여 주시고
또 그를 노략하는 자의 생명을 빼앗으시리라

²⁴노를 품는 자와 사귀지 말며 울분한 자와 동행하지 말지니

²⁵그의 행위를 본받아

네 영혼을 올무에 빠뜨릴까 두려움이니라

26너는 사람과 더불어 손을 잡지 말며
남의 빚에 보증을 서지 말라

27만일 갚을 것이 네게 없으면 네 누운 침상도 빼앗길 것이라
네가 어찌 그리하겠느냐

28네 선조가 세운 옛 지계석(地界石)을 옮기지 말지니라

29네가 자기의 일에 능숙한 사람을 보았느냐
이러한 사람은 왕 앞에 설 것이요
천한 자 앞에 서지 아니하리라

23 1네가 관원과 함께 앉아 음식을 먹게 되거든
삼가 네 앞에 있는 자가 누구인지를 생각하며

2네가 만일 음식을 탐하는 자이거든 네 목에 칼을 둘 것이니라

3 그의 맛있는 음식을 탐하지 말라 그것은 속이는 음식이니라

4 부자 되기에 애쓰지 말고 네 사사로운 지혜를 버릴지어다

5 네가 어찌 허무한 것에 주목하겠느냐
정녕히 재물은 스스로 날개를 내어
하늘을 나는 독수리처럼 날아가리라

6 악한 눈이 있는 자의 음식을 먹지 말며
그의 맛있는 음식을 탐하지 말지어다

7 대저 그 마음의 생각이 어떠하면 그 위인도 그러한즉
그가 네게 먹고 마시라 할지라도
그의 마음은 너와 함께 하지 아니함이라

8 네가 조금 먹은 것도 토하겠고
네 아름다운 말도 헛된 데로 돌아가리라

⁹미련한 자의 귀에 말하지 말지니
이는 그가 네 지혜로운 말을 업신여길 것임이니라

¹⁰옛 지계석을 옮기지 말며 고아들의 밭을 침범하지 말지어다

¹¹대저 그들의 구속자는 강하시니
그가 너를 대적하여 그들의 원한을 풀어 주시리라

¹²훈계에 착심하며 지식의 말씀에 귀를 기울이라

¹³아이를 훈계(訓戒)하지 아니하려고 하지 말라
채찍으로 그를 때릴지라도 그가 죽지 아니하리라

¹⁴네가 그를 채찍으로 때리면 그의 영혼을 스올에서 구원하리라

¹⁵내 아들아 만일 네 마음이 지혜로우면
나 곧 내 마음이 즐겁겠고

¹⁶만일 네 입술이 정직을 말하면 내 속이 유쾌하리라

17 네 마음으로 죄인의 형통을 부러워하지 말고
항상 여호와를 경외하라

18 정녕히 네 장래가 있겠고 네 소망이 끊어지지 아니하리라

19 내 아들아 너는 듣고 지혜를 얻어
네 마음을 바른 길로 인도할지니라

20 술을 즐겨 하는 자들과 고기를 탐하는 자들과도
더불어 사귀지 말라

21 술 취하고 음식을 탐하는 자는 가난하여질 것이요
잠 자기를 즐겨 하는 자는 해어진 옷을 입을 것임이니라

22 너를 낳은 아비에게 청종하고
네 늙은 어미를 경히 여기지 말지니라

23 진리를 사되 팔지는 말며 지혜와 훈계와 명철도 그리할지니라

²⁴의인의 아비는 크게 즐거울 것이요
지혜로운 자식을 낳은 자는 그로 말미암아 즐거울 것이니라

²⁵네 부모를 즐겁게 하며 너를 낳은 어미를 기쁘게 하라

²⁶내 아들아 네 마음을 내게 주며
네 눈으로 내 길을 즐거워할지어다

²⁷대저 음녀는 깊은 구덩이요 이방 여인은 좁은 함정이라

²⁸참으로 그는 강도 같이 매복하며
사람들 중에 사악한 자가 많아지게 하느니라

²⁹재앙이 뉘게 있느뇨 근심이 뉘게 있느뇨
분쟁이 뉘게 있느뇨 원망이 뉘게 있느뇨
까닭 없는 상처가 뉘게 있느뇨 붉은 눈이 뉘게 있느뇨

³⁰술에 잠긴 자에게 있고

혼합한 술을 구하러 다니는 자에게 있느니라

31 포도주는 붉고 잔에서 번쩍이며 순하게 내려가나니
너는 그것을 보지도 말지어다

32 그것이 마침내 뱀 같이 물 것이요 독사 같이 쏠 것이며

33 또 네 눈에는 괴이한 것이 보일 것이요
네 마음은 구부러진 말을 할 것이며

34 너는 바다 가운데에 누운 자 같을 것이요
돛대 위에 누운 자 같을 것이며

35 네가 스스로 말하기를
사람이 나를 때려도 나는 아프지 아니하고

나를 상하게 하여도 내게 감각이 없도다
내가 언제나 깰까 다시 술을 찾겠다 하리라

24 ¹ 너는 악인의 형통함을 부러워하지 말며
그와 함께 있으려고 하지도 말지어다

² 그들의 마음은 강포를 품고
그들의 입술은 재앙을 말함이니라

³ 집은 지혜로 말미암아 건축되고
명철로 말미암아 견고하게 되며

⁴ 또 방들은 지식으로 말미암아
각종 귀하고 아름다운 보배로 채우게 되느니라

⁵ 지혜 있는 자는 강하고 지식 있는 자는 힘을 더하나니

⁶ 너는 전략으로 싸우라 승리는 지략이 많음에 있느니라

⁷ 지혜는 너무 높아서 미련한 자가 미치지 못할 것이므로
그는 성문에서 입을 열지 못하느니라

8 악행하기를 꾀하는 자를 일컬어 사악한 자라 하느니라

9 미련한 자의 생각은 죄요
거만한 자는 사람에게 미움을 받느니라

10 네가 만일 환난 날에 낙담하면 네 힘이 미약함을 보임이니라

11 너는 사망으로 끌려가는 자를 건져 주며
살륙을 당하게 된 자를 구원하지 아니하려고 하지 말라

12 네가 말하기를 나는 그것을 알지 못하였노라 할지라도
마음을 저울질 하시는 이가 어찌 통찰하지 못하시겠으며

네 영혼을 지키시는 이가 어찌 알지 못하시겠느냐
그가 각 사람의 행위대로 보응하시리라

13 내 아들아 꿀을 먹으라 이것이 좋으니라
송이꿀을 먹으라 이것이 네 입에 다니라

14 지혜가 네 영혼에게 이와 같은 줄을 알라
  이것을 얻으면 정녕히 네 장래(將來)가 있겠고
  네 소망이 끊어지지 아니하리라

15 악한 자여 의인의 집을 엿보지 말며
  그가 쉬는 처소를 헐지 말지니라

16 대저 의인은 일곱 번 넘어질지라도 다시 일어나려니와
  악인은 재앙으로 말미암아 엎드러지느니라

17 네 원수가 넘어질 때에 즐거워하지 말며
  그가 엎드러질 때에 마음에 기뻐하지 말라

18 여호와께서 이것을 보시고 기뻐하지 아니하사
  그의 진노를 그에게서 옮기실까 두려우니라

19 너는 행악자들로 말미암아 분을 품지 말며

악인의 형통함을 부러워하지 말라

20대저 행악자는 장래가 없겠고 악인의 등불은 꺼지리라

21내 아들아 여호와와 왕을 경외하고
반역자와 더불어 사귀지 말라

22대저 그들의 재앙은 속히 임하리니
그 둘의 멸망을 누가 알랴

23이것도 지혜로운 자들의 말씀이라
재판할 때에 낯을 보아 주는 것이 옳지 못하니라

24악인에게 네가 옳다 하는 자는
백성에게 저주를 받을 것이요 국민에게 미움을 받으려니와

25오직 그를 견책하는 자는 기쁨을 얻을 것이요
또 좋은 복을 받으리라

²⁶적당한 말로 대답함은 입맞춤과 같으니라

²⁷네 일을 밖에서 다스리며 너를 위하여 밭에서 준비하고
그 후에 네 집을 세울지니라

²⁸너는 까닭 없이 네 이웃을 쳐서 증인이 되지 말며
네 입술로 속이지 말지니라

²⁹너는 그가 내게 행함 같이 나도 그에게 행하여
그가 행한 대로 그 사람에게 갚겠다 말하지 말지니라

³⁰내가 게으른 자의 밭과
지혜 없는 자의 포도원을 지나며 본즉

³¹가시덤불이 그 전부에 퍼졌으며
그 지면이 거친 풀로 덮였고 돌담이 무너져 있기로

³²내가 보고 생각이 깊었고 내가 보고 훈계를 받았노라

³³네가 좀더 자자, 좀더 졸자,
손을 모으고 좀더 누워 있자 하니

³⁴네 빈궁이 강도 같이 오며 네 곤핍이 군사 같이 이르리라

솔로몬의 잠언

25 ¹ 이것도 솔로몬의 잠언이요
유다 왕 히스기야의 신하들이 편집한 것이니라

² 일을 숨기는 것은 하나님의 영화요
일을 살피는 것은 왕의 영화니라

³ 하늘의 높음과 땅의 깊음 같이
왕의 마음은 헤아릴 수 없느니라

⁴ 은에서 찌꺼기를 제하라
그리하면 장색의 쓸 만한 그릇이 나올 것이요

5 왕 앞에서 악한 자를 제하라
  그리하면 그의 왕위가 의로 말미암아 견고히 서리라

6 왕 앞에서 스스로 높은 체하지 말며
  대인들의 자리에 서지 말라

7 이는 사람이 네게 이리로 올라오라고 말하는 것이
  네 눈에 보이는 귀인(貴人) 앞에서
  저리로 내려가라고 말하는 것보다 나음이니라

8 너는 서둘러 나가서 다투지 말라
  마침내 네가 이웃에게서 욕을 보게 될 때에
  네가 어찌할 줄을 알지 못할까 두려우니라

9 너는 이웃과 다투거든 변론만 하고
  남의 은밀한 일은 누설하지 말라

¹⁰ 듣는 자가 너를 꾸짖을 터이요
또 네게 대한 악평이 네게서 떠나지 아니할까 두려우니라

¹¹ 경우에 합당한 말은 아로새긴 은 쟁반에 금 사과니라

¹² 슬기로운 자의 책망은
청종하는 귀에 금 고리와 정금 장식이니라

¹³ 충성된 사자는 그를 보낸 이에게
마치 추수하는 날에 얼음 냉수 같아서
능히 그 주인의 마음을 시원하게 하느니라

¹⁴ 선물한다고 거짓 자랑하는 자는
비 없는 구름과 바람 같으니라

¹⁵ 오래 참으면 관원도 설득할 수 있나니
부드러운 혀는 뼈를 꺾느니라

16너는 꿀을 보거든 족하리만큼 먹으라
과식함으로 토할까 두려우니라

17너는 이웃집에 자주 다니지 말라
그가 너를 싫어하며 미워할까 두려우니라

18자기의 이웃을 쳐서 거짓 증거하는 사람은
방망이요 칼이요 뾰족한 화살이니라

19환난 날에 진실하지 못한 자를 의뢰하는 것은
부러진 이와 위골된 발 같으니라

20마음이 상한 자에게 노래하는 것은
추운 날에 옷을 벗음 같고 소다 위에 식초를 부음 같으니라

21네 원수가 배고파하거든 음식을 먹이고
목말라하거든 물을 마시게 하라

²² 그리 하는 것은 핀 숯을 그의 머리에 놓는 것과 일반이요
여호와께서 네게 갚아 주시리라

²³ 북풍이 비를 일으킴 같이 참소(讒訴)하는 혀는
사람의 얼굴에 분을 일으키느니라

²⁴ 다투는 여인과 함께 큰 집에서 사는 것보다
움막에서 혼자 사는 것이 나으니라

²⁵ 먼 땅에서 오는 좋은 기별은
목마른 사람에게 냉수와 같으니라

²⁶ 의인이 악인 앞에 굴복하는 것은
우물이 흐려짐과 샘이 더러워짐과 같으니라

²⁷ 꿀을 많이 먹는 것이 좋지 못하고
자기의 영예를 구하는 것이 헛되니라

28 자기의 마음을 제어하지 아니하는 자는
성읍이 무너지고 성벽이 없는 것과 같으니라

26

1 미련한 자에게는 영예가 적당하지 아니하니
마치 여름에 눈 오는 것과
추수 때에 비 오는 것 같으니라

2 까닭 없는 저주는 참새가 떠도는 것과
제비가 날아가는 것 같이 이루어지지 아니하느니라

3 말에게는 채찍이요 나귀에게는 재갈이요
미련한 자의 등에는 막대기니라

4 미련한 자의 어리석은 것을 따라 대답하지 말라
두렵건대 너도 그와 같을까 하노라

5 미련한 자에게는 그의 어리석음을 따라 대답하라

두렵건대 그가 스스로 지혜롭게 여길까 하노라

6 미련한 자 편에 기별하는 것은
자기의 발을 베어 버림과 해를 받음과 같으니라

7 저는 자의 다리는 힘 없이 달렸나니
미련한 자의 입의 잠언(箴言)도 그러하니라

8 미련한 자에게 영예를 주는 것은
돌을 물매에 매는 것과 같으니라

9 미련한 자의 입의 잠언은
술 취한 자가 손에 든 가시나무 같으니라

10 장인이 온갖 것을 만들지라도 미련한 자를 고용하는 것은
지나가는 행인을 고용함과 같으니라

11 개가 그 토한 것을 도로 먹는 것 같이

미련한 자는 그 미련한 것을 거듭 행하느니라

12 네가 스스로 지혜롭게 여기는 자를 보느냐
그보다 미련한 자에게 오히려 희망이 있느니라

13 게으른 자는 길에 사자가 있다 거리에 사자가 있다 하느니라

14 문짝이 돌쩌귀를 따라서 도는 것 같이
게으른 자는 침상에서 도느니라

15 게으른 자는 그 손을 그릇에 넣고도
입으로 올리기를 괴로워하느니라

16 게으른 자는 사리에 맞게 대답하는 사람 일곱보다
자기를 지혜롭게 여기느니라

17 길로 지나가다가 자기와 상관 없는 다툼을 간섭하는 자는
개의 귀를 잡는 자와 같으니라

¹⁸횃불을 던지며 화살을 쏘아서
사람을 죽이는 미친 사람이 있나니

¹⁹자기의 이웃을 속이고 말하기를
내가 희롱(戱弄)하였노라 하는 자도 그러하니라

²⁰나무가 다하면 불이 꺼지고
말쟁이가 없어지면 다툼이 쉬느니라

²¹숯불 위에 숯을 더하는 것과
타는 불에 나무를 더하는 것 같이
다툼을 좋아하는 자는 시비를 일으키느니라

²²남의 말 하기를 좋아하는 자의 말은 별식과 같아서
뱃속 깊은 데로 내려가느니라

²³온유한 입술에 악한 마음은 낮은 은을 입힌 토기니라

²⁴원수는 입술로는 꾸미고 속으로는 속임을 품나니

²⁵그 말이 좋을지라도 믿지 말 것은
그 마음에 일곱 가지 가증한 것이 있음이니라

²⁶속임으로 그 미움을 감출지라도
그의 악이 회중 앞에 드러나리라

²⁷함정을 파는 자는 그것에 빠질 것이요
돌을 굴리는 자는 도리어 그것에 치이리라

²⁸거짓말 하는 자는 자기가 해한 자를 미워하고
아첨하는 입은 패망을 일으키느니라

27 ¹너는 내일 일을 자랑하지 말라
하루 동안에 무슨 일이 일어날는지
네가 알 수 없음이니라

2 타인이 너를 칭찬하게 하고 네 입으로는 하지 말며
외인이 너를 칭찬하게 하고 네 입술로는 하지 말지니라

3 돌은 무겁고 모래도 가볍지 아니하거니와
미련한 자의 분노는 이 둘보다 무거우니라

4 분은 잔인하고 노는 창수 같거니와 투기 앞에야 누가 서리요

5 면책은 숨은 사랑보다 나으니라

6 친구의 아픈 책망은 충직으로 말미암는 것이나
원수의 잦은 입맞춤은 거짓에서 난 것이니라

7 배부른 자는 꿀이라도 싫어하고
주린 자에게는 쓴 것이라도 다니라

8 고향을 떠나 유리하는 사람은
보금자리를 떠나 떠도는 새와 같으니라

9 기름과 향이 사람의 마음을 즐겁게 하나니
친구의 충성된 권고가 이와 같이 아름다우니라

10 네 친구와 네 아비의 친구를 버리지 말며
네 환난 날에 형제의 집에 들어가지 말지어다
가까운 이웃이 먼 형제보다 나으니라

11 내 아들아 지혜를 얻고 내 마음을 기쁘게 하라
그리하면 나를 비방하는 자에게 내가 대답할 수 있으리라

12 슬기로운 자는 재앙을 보면 숨어 피하여도
어리석은 자들은 나가다가 해를 받느니라

13 타인을 위하여 보증 선 자의 옷을 취하라
외인들을 위하여 보증 선 자는 그의 몸을 볼모 잡을지니라

14 이른 아침에 큰 소리로 자기 이웃을 축복하면

도리어 저주 같이 여기게 되리라

¹⁵다투는 여자는 비 오는 날에 이어 떨어지는 물방울이라

¹⁶그를 제어하기가 바람을 제어하는 것 같고
오른손으로 기름을 움키는 것 같으니라

¹⁷철이 철을 날카롭게 하는 것 같이
사람이 그의 친구의 얼굴을 빛나게 하느니라

¹⁸무화과나무를 지키는 자는 그 과실을 먹고
자기 주인에게 시중드는 자는 영화를 얻느니라

¹⁹물에 비치면 얼굴이 서로 같은 것 같이
사람의 마음도 서로 비치느니라

²⁰스올과 아바돈은 만족함이 없고
사람의 눈도 만족함이 없느니라

²¹도가니로 은을, 풀무로 금을, 칭찬으로 사람을 단련하느니라

²²미련한 자를 곡물과 함께 절구에 넣고 공이로 찧을지라도
그의 미련은 벗겨지지 아니하느니라

²³네 양 떼의 형편을 부지런히 살피며
네 소 떼에게 마음을 두라

²⁴대저 재물은 영원히 있지 못하나니
면류관이 어찌 대대에 있으랴

²⁵풀을 벤 후에는 새로 움이 돋나니
산에서 꼴을 거둘 것이니라

²⁶어린 양의 털은 네 옷이 되며 염소는 밭을 사는 값이 되며

²⁷염소의 젖은 넉넉하여 너와 네 집의 음식이 되며
네 여종의 먹을 것이 되느니라

28 ¹ 악인은 쫓아오는 자가 없어도 도망하나
의인은 사자 같이 담대하느니라

² 나라는 죄가 있으면 주관자가 많아져도
명철과 지식 있는 사람으로 말미암아 장구하게 되느니라

³ 가난한 자를 학대하는 가난한 자는
곡식을 남기지 아니하는 폭우(暴雨) 같으니라

⁴ 율법을 버린 자는 악인을 칭찬하나
율법을 지키는 자는 악인을 대적하느니라

⁵ 악인은 정의를 깨닫지 못하나
여호와를 찾는 자는 모든 것을 깨닫느니라

⁶ 가난하여도 성실하게 행하는 자는
부유하면서 굽게 행하는 자보다 나으니라

7 율법을 지키는 자는 지혜로운 아들이요
음식을 탐하는 자와 사귀는 자는
아비를 욕되게 하는 자니라

8 증한 변리(邊利)로 자기 재산을 늘이는 것은
가난한 사람을 불쌍히 여기는 자를 위해
그 재산을 저축하는 것이니라

9 사람이 귀를 돌려 율법을 듣지 아니하면
그의 기도도 가증하니라

10 정직한 자를 악한 길로 유인하는 자는
스스로 자기 함정에 빠져도 성실한 자는 복을 받느니라

11 부자는 자기를 지혜롭게 여기나
가난해도 명철한 자는 자기를 살펴 아느니라

¹²의인이 득의하면 큰 영화가 있고
악인이 일어나면 사람이 숨느니라

¹³자기의 죄를 숨기는 자는 형통하지 못하나
죄를 자복하고 버리는 자는 불쌍히 여김을 받으리라

¹⁴항상 경외하는 자는 복되거니와
마음을 완악하게 하는 자는 재앙에 빠지리라

¹⁵가난한 백성을 압제하는 악한 관원(官員)은
부르짖는 사자와 주린 곰 같으니라

¹⁶무지한 치리자는 포학을 크게 행하거니와
탐욕을 미워하는 자는 장수하리라

¹⁷사람의 피를 흘린 자는 함정으로 달려갈 것이니
그를 막지 말지니라

18 성실하게 행하는 자는 구원을 받을 것이나
굽은 길로 행하는 자는 곧 넘어지리라

19 자기의 토지를 경작하는 자는 먹을 것이 많으려니와
방탕을 따르는 자는 궁핍함이 많으리라

20 충성된 자는 복이 많아도
속히 부하고자 하는 자는 형벌을 면하지 못하리라

21 사람의 낯을 보아 주는 것이 좋지 못하고
한 조각 떡으로 말미암아 사람이 범법하는 것도 그러하니라

22 악한 눈이 있는 자는 재물을 얻기에만 급하고
빈궁이 자기에게로 임할 줄은 알지 못하느니라

23 사람을 경책하는 자는 혀로 아첨하는 자보다
나중에 더욱 사랑을 받느니라

²⁴부모의 물건을 도둑질하고서도 죄가 아니라 하는 자는
멸망 받게 하는 자의 동류니라

²⁵욕심이 많은 자는 다툼을 일으키나
여호와를 의지하는 자는 풍족하게 되느니라

²⁶자기의 마음을 믿는 자는 미련한 자요
지혜롭게 행하는 자는 구원을 얻을 자니라

²⁷가난한 자를 구제하는 자는 궁핍하지 아니하려니와
못 본 체하는 자에게는 저주가 크리라

²⁸악인이 일어나면 사람이 숨고
그가 멸망하면 의인이 많아지느니라

29 ¹자주 책망을 받으면서도 목이 곧은 사람은
갑자기 패망을 당하고 피하지 못하리라

2 의인이 많아지면 백성이 즐거워하고
악인이 권세를 잡으면 백성이 탄식하느니라

3 지혜를 사모하는 자는 아비를 즐겁게 하여도
창기와 사귀는 자는 재물을 잃느니라

4 왕은 정의로 나라를 견고하게 하나
뇌물을 억지로 내게 하는 자는 나라를 멸망시키느니라

5 이웃에게 아첨하는 것은 그의 발 앞에 그물을 치는 것이니라

6 악인이 범죄하는 것은 스스로 올무가 되게 하는 것이나
의인은 노래하고 기뻐하느니라

7 의인은 가난한 자의 사정을 알아 주나
악인은 알아 줄 지식이 없느니라

8 거만한 자는 성읍을 요란하게 하여도

슬기로운 자는 노를 그치게 하느니라

9 지혜로운 자와 미련한 자가 다투면
지혜로운 자가 노하든지 웃든지 그 다툼은 그침이 없느니라

10 피 흘리기를 좋아하는 자는 온전한 자를 미워하고
정직한 자의 생명을 찾느니라

11 어리석은 자는 자기의 노를 다 드러내어도
지혜로운 자는 그것을 억제하느니라

12 관원이 거짓말을 들으면 그의 하인들은 다 악하게 되느니라

13 가난한 자와 포학한 자가 섞여 살거니와
여호와께서는 그 모두의 눈에 빛을 주시느니라

14 왕이 가난한 자를 성실히 신원하면
그의 왕위가 영원히 견고하리라

15 채찍과 꾸지람이 지혜를 주거늘
임의로 행하게 버려 둔 자식은 어미를 욕되게 하느니라

16 악인이 많아지면 죄도 많아지나니
의인은 그들의 망함을 보리라

17 네 자식을 징계하라 그리하면 그가 너를 평안하게 하겠고
또 네 마음에 기쁨을 주리라

18 묵시가 없으면 백성이 방자히 행하거니와
율법을 지키는 자는 복이 있느니라

19 종은 말로만 하면 고치지 아니하나니
이는 그가 알고도 따르지 아니함이니라

20 네가 말이 조급한 사람을 보느냐
그보다 미련한 자에게 오히려 희망이 있느니라

21 종을 어렸을 때부터 곱게 양육하면
그가 나중에는 자식인 체하리라

22 노하는 자는 다툼을 일으키고
성내는 자는 범죄함이 많으니라

23 사람이 교만하면 낮아지게 되겠고
마음이 겸손하면 영예를 얻으리라

24 도둑과 짝하는 자는 자기의 영혼을 미워하는 자라
그는 저주를 들어도 진술하지 아니하느니라

25 사람을 두려워하면 올무에 걸리게 되거니와
여호와를 의지하는 자는 안전하리라

26 주권자에게 은혜를 구하는 자가 많으나
사람의 일의 작정은 여호와께로 말미암느니라

27 불의한 자는 의인에게 미움을 받고
바르게 행하는 자는 악인에게 미움을 받느니라

아굴의 잠언

30 1 이 말씀은 야게의 아들 아굴의 잠언이니
그가 이디엘 곧 이디엘과 우갈에게 이른 것이니라

2 나는 다른 사람에게 비하면 짐승이라
내게는 사람의 총명(聰明)이 있지 아니하니라

3 나는 지혜를 배우지 못하였고
또 거룩하신 자를 아는 지식이 없거니와

4 하늘에 올라갔다가 내려온 자가 누구인지,
바람을 그 장중에 모은 자가 누구인지,
물을 옷에 싼 자가 누구인지,

땅의 모든 끝을 정한 자가 누구인지,
그의 이름이 무엇인지,
그의 아들의 이름이 무엇인지 너는 아느냐

5 하나님의 말씀은 다 순전하며
하나님은 그를 의지하는 자의 방패시니라

6 너는 그의 말씀에 더하지 말라
그가 너를 책망하시겠고
너는 거짓말하는 자가 될까 두려우니라

7 내가 두 가지 일을 주께 구하였사오니
내가 죽기 전에 내게 거절하지 마시옵소서

8 곧 헛된 것과 거짓말을 내게서 멀리 하옵시며
나를 가난하게도 마옵시고 부하게도 마옵시고

오직 필요한 양식으로 나를 먹이시옵소서

9 혹 내가 배불러서 하나님을 모른다
여호와가 누구냐 할까 하오며

혹 내가 가난하여 도둑질하고
내 하나님의 이름을 욕되게 할까 두려워함이니이다

10 너는 종을 그의 상전에게 비방하지 말라
그가 너를 저주하겠고 너는 죄책을 당할까 두려우니라

11 아비를 저주하며 어미를 축복하지 아니하는 무리가 있느니라

12 스스로 깨끗한 자로 여기면서도
자기의 더러운 것을 씻지 아니하는 무리가 있느니라

13 눈이 심히 높으며 눈꺼풀이 높이 들린 무리가 있느니라

14 앞니는 장검(長劍) 같고 어금니는 군도 같아서

가난한 자를 땅에서 삼키며
궁핍한 자를 사람 중에서 삼키는 무리가 있느니라

15 거머리에게는 두 딸이 있어 다오 다오 하느니라
족한 줄을 알지 못하여
족하다 하지 아니하는 것 서넛이 있나니

16 곧 스올과 아이 배지 못하는 태와
물로 채울 수 없는 땅과 족하다 하지 아니하는 불이니라

17 아비를 조롱하며 어미 순종하기를 싫어하는 자의 눈은
골짜기의 까마귀에게 쪼이고 독수리 새끼에게 먹히리라

18 내가 심히 기이히 여기고도 깨닫지 못하는 것 서넛이 있나니

19 곧 공중에 날아다니는 독수리의 자취와
반석 위로 기어 다니는 뱀의 자취와

바다로 지나다니는 배의 자취와
남자가 여자와 함께 한 자취며

²⁰음녀의 자취도 그러하니라
그가 먹고 그의 입을 씻음 같이 말하기를
내가 악을 행하지 아니하였다 하느니라

²¹세상을 진동시키며
세상이 견딜 수 없게 하는 것 서넛이 있나니

²²곧 종이 임금된 것과 미련한 자가 음식으로 배부른 것과

²³미움 받는 여자가 시집 간 것과
여종이 주모를 이은 것이니라

²⁴땅에 작고도 가장 지혜로운 것 넷이 있나니

²⁵곧 힘이 없는 종류로되 먹을 것을 여름에 준비하는 개미와

²⁶약한 종류로되 집을 바위 사이에 짓는 사반과

²⁷임금이 없으되 다 떼를 지어 나아가는 메뚜기와

²⁸손에 잡힐 만하여도 왕궁에 있는 도마뱀이니라

²⁹잘 걸으며 위풍(威風) 있게 다니는 것 서넛이 있나니

³⁰곧 짐승 중에 가장 강하여
아무 짐승 앞에서도 물러가지 아니하는 사자와

³¹사냥개와 숫염소와 및 당할 수 없는 왕이니라

³²만일 네가 미련하여 스스로 높은 체하였거나
혹 악한 일을 도모하였거든 네 손으로 입을 막으라

³³대저 젖을 저으면 엉긴 젖이 되고
코를 비틀면 피가 나는 것 같이
노를 격동하면 다툼이 남이니라

르무엘 왕을 훈계한 잠언

31

¹ 르무엘 왕이 말씀한 바
곧 그의 어머니가 그를 훈계한 잠언이라

² 내 아들아 내가 무엇을 말하랴
내 태에서 난 아들아 내가 무엇을 말하랴
서원(誓願)대로 얻은 아들아 내가 무엇을 말하랴

³ 네 힘을 여자들에게 쓰지 말며
왕들을 멸망시키는 일을 행하지 말지어다

⁴ 르무엘아 포도주를 마시는 것이
왕들에게 마땅하지 아니하고 왕들에게 마땅하지 아니하며
독주를 찾는 것이 주권자들에게 마땅하지 않도다

⁵ 술을 마시다가 법을 잊어버리고

모든 곤고한 자들의 송사를 굽게 할까 두려우니라

6 독주는 죽게 된 자에게,
포도주는 마음에 근심하는 자에게 줄지어다

7 그는 마시고 자기의 빈궁한 것을 잊어버리겠고
다시 자기의 고통을 기억하지 아니하리라

8 너는 말 못하는 자와
모든 고독한 자의 송사를 위하여 입을 열지니라

9 너는 입을 열어 공의로 재판하여
곤고한 자와 궁핍한 자를 신원할지니라

현숙한 아내

10 누가 현숙한 여인을 찾아 얻겠느냐
그의 값은 진주보다 더 하니라

¹¹그런 자의 남편의 마음은 그를 믿나니
산업이 핍절하지 아니하겠으며

¹²그런 자는 살아 있는 동안에
그의 남편에게 선을 행하고 악을 행하지 아니하느니라

¹³그는 양털과 삼을 구하여 부지런히 손으로 일하며

¹⁴상인의 배와 같아서 먼 데서 양식을 가져 오며

¹⁵밤이 새기 전에 일어나서
자기 집안 사람들에게 음식을 나누어 주며
여종들에게 일을 정하여 맡기며

¹⁶밭을 살펴 보고 사며
자기의 손으로 번 것을 가지고 포도원을 일구며

¹⁷힘 있게 허리를 묶으며 자기의 팔을 강하게 하며

¹⁸자기의 장사가 잘 되는 줄을 깨닫고
밤에 등불을 끄지 아니하며

¹⁹손으로 솜뭉치를 들고 손가락으로 가락을 잡으며

²⁰그는 곤고한 자에게 손을 펴며
궁핍한 자를 위하여 손을 내밀며

²¹자기 집 사람들은 다 홍색 옷을 입었으므로
눈이 와도 그는 자기 집 사람들을 위하여
염려하지 아니하며

²²그는 자기를 위하여 아름다운 이불을 지으며
세마포와 자색 옷을 입으며

²³그의 남편은 그 땅의 장로들과 함께
성문에 앉으며 사람들의 인정을 받으며

²⁴그는 베로 옷을 지어 팔며
띠를 만들어 상인들에게 맡기며

²⁵능력과 존귀로 옷을 삼고 후일을 웃으며

²⁶입을 열어 지혜를 베풀며
그의 혀로 인애의 법을 말하며

²⁷자기의 집안 일을 보살피고
게을리 얻은 양식을 먹지 아니하나니

²⁸그의 자식들은 일어나 감사(感謝)하며
그의 남편은 칭찬하기를

²⁹덕행 있는 여자가 많으나
그대는 모든 여자보다 뛰어나다 하느니라

³⁰고운 것도 거짓되고 아름다운 것도 헛되나

오직 여호와를 경외하는 여자는 칭찬을 받을 것이라

31 그 손의 열매가 그에게로 돌아갈 것이요
그 행한 일로 말미암아 성문에서 칭찬을 받으리라

God bless you~

» Thinking space ...

개역개정 · 구약성경 쓰기

 잠언

1판 1쇄 발행 2022년 4월 5일

펴낸곳 우슬북
엮은이 김영기, 유경순

출판등록 2019년 4월 1일(제568-2019-000006호)
주소 충남 당진시 송산면 유곡로 20
출판사 전화 010.5424.7706
이메일 hyssop2000@daum.net
총판 하늘유통(031.947.7777)

값 10,000원
ISBN 979-11-973755-8-3 03230